며느리에게 주는 요리책

제3판

며느리에게 주는 요리책

제3판

장선용 지음

이화여자대학교출판문화원

차례

증보판을 내면서

『며느리에게 주는 요리책』의 증보판을 내게 된 것에 대해 저자로서는 참으로 다행스럽고 감사하게 생각합니다.

애초에 저희 집안의 먹거리 해결 방안을 위한 비망록 정도로 기록되었던 글이, 주위의 성화에 못이겨 엉겁결에 책으로 출판되고, 뜻밖의 호응에 힘입어 판을 거듭할수록 한 권의 요리책으로서의 미진하고 부족한 점을 느끼지 않을 수 없었기 때문입니다.

그동안 여러 경로를 통해 성원해 주신 독자들의 말씀을 들으면서, 저희 가족만이 아닌 일반 독자들을 위해 꼭 보충하고 싶은 요리 항목이 차곡차곡 쌓였고, 이제 증보판을 내는 기회를 얻게 되어 무척 기쁘게 생각하며 정성껏 증보 작업을 했습니다.

더구나 이 증보판을 위해 용기를 가질 수 있었던 것은, 첫 책이 나오기 직전에 제가 만나 뵌 한국 음식의 대가 강인희 선생님을 사사한 까닭입니다.

오래 전부터 저는 정통 한국 요리를 익히고 싶어서 마땅한 스승을 열심히 찾아다닌 끝에 요행스럽게 강선생님을 만나 뵙고 배움의 기회를 가질 수 있었습니다. 그동안 제가 알고 있던 것은 너무나 보잘것없었고 우리 조상님들이 해잡수셨던 음식들은 정말로 대단했습니다. 우리 음식을 늘 해먹으면 요즘 공포증에 걸리다시피 된 성인병의 확률이 훨씬 적다는 확신도 갖게 되었습니다.

강인희 선생님께 배운 한국 전통 음식은 가짓수도 많고 그 방법도 진기한 것이 많긴 하나, 그 중에서 바쁜 시간에 쫓기는 젊은 분들이 할 수 있는 손쉬운 음식을 몇 가지 이 증보판에 넣기로 했습니다.

그리고 그동안 많은 독자들께서 꼭 알고 싶어했던 요리도 간추려 넣었습니다. 무엇을 어떻게 먹어야 할까 망설여지는 분들에게 도움이 되었으면 합니다.

『며느리에게 주는 요리책』이라는 책의 제목은 말 그대로 제가 저의 두 며느리의 음식 해먹기의 질문에 대한 대답에서 시작된 것입니다.

이 책이 출간된 후 많은 독자의 사랑을 받으면서 이 제목과 유사한 요리책까지 쏟아져 나오는 일도 있었다고 합니다만 저는 이 책이 며느리뿐만이 아니라 제게 딸이 있었으면 딸에게도 주었을 것이고, 아들이 홀로 살고 있었으면 그에게도 이 기록을 주었을 것입니다. 제가 저의 음식 만들기의 즐거움을 그들에게 나누어 주고자 한 것은 며느리들을 부엌에 묶어 두고자 한 것이 아니라 가족 문화 속에서의 음식 만들기를 통한 가족 사랑을 전하고자 한 것입니다. 사람이 먹는 즐거움을 계속 누리는 한 우리는 요리에 대한 연구를 계속해야 하고 가족 중 누군가는 음식을 만들어야 하고, 이왕이면 즐겁고 기분 좋고 요령 있게 그 작업은 이루어져야 한다고 생각합니다.

한 가지 덧붙일 말씀은 해외에 있는 많은 독자들의 요청으로 이 책이 영문으로도 번역되어 출판되었다는 사실입니다. 국제화, 세계화의 시대에 해외에 살고 있는 많은 교포 자녀들, 한국 음식에 관심이 많은 외국인들에게 도움이 되기를 바랍니다. 전문가도 아닌 제 요리책이 증보판에 영문판까지 내게 된 것은 그동안 독자 여러분의 성원 덕분이라고 생각하고 다시 한 번 진심으로 감사드립니다.

1996년 9월

장선용

우리들의 요리책

1993년 12월 말 초판이 나왔던 『며느리에게 주는 요리책』이 3년 만에 판매 부수 10만 부를 돌파하고, 증보판과 영어판을 나란히 출판하게 되었다. 그것은 저자인 장선용 씨와 책을 만든 이화여대출판부뿐 아니라 저자의 친구인 우리들 모두에게도 일생 일대의 사건이었다. 한 주부가 며느리와 친구들을 위해 틈틈이 적었던 '요리편지'가 베스트셀러가 되어 수십만 명의 식탁에 맛있는 음식이 올라가도록 돕다니, 참으로 꿈 같고 신나는 사건이었다.

장선용 언니는 작은 키에 예쁜 얼굴, 종달새처럼 지저귀는 명랑한 성격을 가진 50대 주부이다. 그는 나보다 한 해 선배로 이화여고의 『거울』과 이화여대의 『이대학보』기자로 같이 일했으며, 연극반·서예반·합창반에서도 재주를 날렸는데, 그가 나중에 요리 잘하는 주부가 되리라고 상상한 친구는 없었을 것이다. 그는 음식 잘하는 타입과는 거리가 멀었다.

결혼한 후 남편의 직장을 따라 오랫동안 외국에서 살았던 그는 십여 년 전에 서울로 돌아왔는데, 그 때부터 우리 친구들은 시도 때도 없이 언니집에 초대받아 맛있는 음식을 과시하곤 했다. 언니는 보고 싶던 사람들에게 맛있는 음식을 만들어 먹이는 것으로 그동안의 향수를 풀었다.

어느덧 언니는 우리들의 전속 요리사가 되었다. 다른 친구집에서 우리가 모이는 날도 그는 일찍 시장에 들러 온갖 재료를 사들고 와서 음식을 만들었다. 우리는 엄마가 만들어 주는 음식을 기다리는 아이들처럼 식탁에 나란히 앉아서 바지런하게 움직이는 그를 바라보았다. 언니는 한식, 양식, 중국식 등 세계의 온갖 요리를 요술엄마처럼 척척 만들어 냈다. 우리들 중에서 가장 키가 작은 그는 음식솜씨와 푸근한 마음으로 우리를 휘어잡았고, 우리는 절대 복종

했다. 그의 음식 때문에 우리는 점점 더 자주 모이고, 점점 더 친해졌다.

사람들 불러 먹이기를 좋아하는 것으로 대한민국에서 둘째 가라면 서러워하셨을 김옥길 선생님(전 이화여대 총장)이 돌아가신 후 '옥길면옥'의 냉면맛을 못 잊던 주변 사람들은 드디어 선생님 댁의 부엌에서 국수틀을 떼다가 장선용에게 주자고 결의했다. 유서 깊은 국수틀의 상속자가 된 언니는 메밀가루를 사다가 반죽하여 냉면국수를 뽑느라고 더 바빠졌다. 그는 국수틀과 함께 김옥길 선생님의 많은 손님들까지 인수했다.

언니는 두 아들을 모두 고교 동창의 딸들과 결혼시켰는데, 우리는 은근히 걱정하지 않을 수 없었다. 어떤 며느리가 언니의 까다로운 음식 안목을 만족시킬 수 있을까. 시어머니의 맛있는 음식에 길들여진 남편의 식성을 맞추는 것은 또 얼마나 어려울까. 늘 사람들을 불러 음식 만들어 먹이기를 좋아하는 시어머니, 친구네 잔치에 보내려고 밤새워 만두 수백 개를 빚고 빈대떡을 지지는 시어머니를 갖게 된 그 며느리들을 우리는 동정했다. 그러나 언니는 "우리 며느리들이 음식을 곧 잘 해. 저희 엄마들이 다 음식 솜씨가 좋거든"이라고 며느리들을 칭찬하기 시작했다.

그의 두 아들은 미국에 살고 있는데, 언니는 아들 며느리 손녀들에게 해 먹이고 싶은 음식이 떠오를 때마다 그 음식 만드는 법을 편지로 적어서 보내곤 했다. 그 '요리 편지'가 꽤 많이 모이자 한 아들이 컴퓨터로 정리하고 프린트하여 1백 권의 홈 메이드 요리책을 만들었다. 며느리들을 맞이할 때 성경 말씀(사랑은 오래 참고 사랑은 온유하며……로 시작되는 고린도전서)을 붓글씨로 써서 선물했던 언니는 날아갈 듯한 궁체로 요리책 표지에 『매일 해먹는 음식 만들기』라는 제목을 일일이 썼다. 그리고 그 책을 며느리와 친구들에게 나눠 주었다.

어느날 '장명수 칼럼'에 쓸 소재가 없어 애태우고 있던 나는 구세주처럼 나타난 언니로부터 그 책을 받았고,『며느리에게 주는 요리책』이란 제목으로 책 이야기를 칼럼에 썼다. 다음날 이른 아침부터 신문사 전화에 불이 붙기 시작했다. 그 요리책을 한 권 구해 달라는 주부들과 남편들, 딸을 시집보낸 어머니, 아버지들의 전화가 빗발쳤다. 책을 출판하겠다는 기라성 같은 출판사들, 해외 독자들의 전화도 줄을 이었다.

홈 메이드 요리책을 한 권씩 받아들고 좋아하던 우리 친구들은 그 뜻밖의 사태에 흥분하여 회의를 거듭했고, 다른 출판사보다는 모교인 이화여대출판부에 책을 맡기자는 데 의견을 모았다. 교과서 위주의 출판으로 고단한 살림을 하는 대학출판부가 10만 부를 돌파한 베스트셀러를 갖게 됐다는 것, 그 책이 바로 졸업생이 쓴 요리책이라는 사실은 출판계의 부러운 화제가 되었다.

언니는 이 시대에 우리가 상상할 수 있는 가장 아름다운 선물을 며느리들에게 주었고, 이제 그 책은 '우리들의 요리책'이 되었다. 이번 증보판을 위해 저자는 50여 종의 요리를 추가하여 더욱 충실한 요리책을 만들었고, 이화여대출판부는 두 번째 10만 부 돌파를 준비하고 있다. 함께 출판하는 영어판은 한국어와 한국 음식에 서투른 해외의 2세, 3세 교포들을 위해 만든 것인데, 외국인들에게 우리 문화를 소개하는 데도 큰 몫을 하게 되리라고 믿는다.

1996년 8월 1일

한국일보 편집위원 張 明 秀

며느리에게

아기 키우랴, 살림하랴, 공부하랴, 너희들 너무나 바쁘겠다. 허구한 날 끼니때마다 뭘 해먹긴 해야 하고. 식단이 짜여져 있으면 그래도 좀 수월하겠지만, 정작 해먹을 식단이 정해져 맛있게 하려고 해도 맛이 제대로 안 나기도 하지. 우리 집 남자들 입이 까다롭지 않아서 다행이긴 하다만.

나는 대학 졸업 후 직장에 다니느라고 음식을 할 기회가 거의 없었어. 더구나 샴페인 이모님께서 음식을 너무나 잘하셔서 내가 일일이 할 필요는 없었지만, 막상 직장 그만두고 음식하자니 막막하더구나. 언니한테 물어 보면 대답은 항상 "그냥 하면 돼." 할 뿐이어서 배우는 데 꽤 힘들긴 했지만 그래도 간을 맞추는 기본은 정확히 가르쳐 주셨기 때문에 음식맛이 비슷하게 하긴 했었단다. 그때 내가 힘들었던 것을 생각해서 떠오르는 대로 필요하다고 생각되는 것들을 알기 쉽게 적어 보내니 참고가 되었으면 좋겠다.

나는 요리 연구가도 아니고 그렇다고 가정과를 나오지도 않았지만 30년간 집에서 만들어 먹었던 음식을 내 나름대로 적어 두고 정리했던 것을 가장 쉬운 방법과 정확하다고 생각되는 대로 적어 보낸다. 한 움큼 넣어라, 보글보글 끓여라, 살캉하게 삶아라, 삼삼하게 절여라 등등 아리송한 방법이 어머니가 가르쳐 주신 건데, 그렇게 가르쳐 주려면 바쁜 세상이고 또 늘 함께 음식만 할 수도 없는 것이고, 내가 먹고 싶은 것이 네가 먹고 싶은 것도 아니고 해서 적당하고 해먹기 쉽다고 생각되는 것만 골라서 적어 보내는 거다. 그림도 화려하고 가짓수도 많은 요리책이 많이 있겠지만, 이런 요리책도 있다고 이해해 주기 바라고.

집에서 식구들과 함께 식사 시간을 가지는 것이 '가족'을 아는 데 가장 좋은 방법이 되겠지. 식사 예절도 가르칠 수 있고, 부모와 따뜻한 시간을 안 보낸 자식은 커서도 똑같이 되겠지. 단란한 가족의 지름길은 단란한 식사가 아닐까 생각한다. 가족을 위해 식탁을 꾸미는 부엌에서의 즐거움은 엄마한테서만 배울 수 있는 공부겠지. 좋은 가정이 모여서 좋은 사회가 되고, 좋은 사회가 되어야 좋은 국가가 되고, 좋은 국가가 모여 좋은 세계가 되는 거 아니겠니?

음식 만들 때 첫째 조건은 정성이라고 본다. 귀찮다는 생각, 그저 한 끼 때우겠다는 생각으로 하면 이상하게 음식이 맛이 없게 되지. 늘 작품을 만든다는 생각과 정성을 가지고 해야겠지.

둘째는 간이 맞아야 한다. 아무리 모양이 좋아도 간이 안 맞으면 맛이 없지. 간장 · 소금 · 설탕 등 기본적인 것들을 정확한 양으로 되고 재어서 음식에 넣어야 해. 적당히 넣고 맛보고, 또 넣고 맛보고 반복하다 보면 나중에 혀도 제 구실을 못하게 되지. 숙련공이 되어 눈대중으로도 잘할 수 있으면 별 문제이지만, 음식도 유행 같은 것이 있어서 옛날 음식은 별로 잘 안 해먹게 되지만 간은 비슷하니까 간 맞추는 것이 기본이 되겠지?

여기 적은 음식들은 내가 늘 하던 것들이지만 다시 한 번 양을 재어 보고 되어 보고 해서 기록한 것이니까 너희들이 먹어 본 우리 집에서의 음식 맛은 이대로 하면 정확하게 나올 것이라고 생각한다. 하지만 음식 만드는 재미는 자기 식대로 하는 성취감에도 있는 것이니까 내 식에다가 너희들 창의력을 발휘해 보기 바란다.

보약보다 식보(食補)가 제일이라고, 보약을 많이 먹는 것보다 음식을 맛있게, 제대로 먹어서 건강해지는 것이 더 좋지. 우리 주위를 보면 뭐가 좋다고 하면 한 가지만 집중해서 먹는 경우가 있는데 그것보다는 여러 가지 음식을 골고루 섭취하는 것이 제일이다. 외식을 하는 것은 어쩌다 한 번은 분위기도 새롭고 맛이 있을지 모르지만 매일 사먹을 수는 없는 것이고 또 집에서 하는 것에 비하면 정성이 없는지라 먹어도 피가 되고 살이 되는 음식이 아니라고 생각한다. 음식을 먹는 그 자체보다 음식을 먹으며 가족끼리 따뜻한 대화를 나누고 정을 나누는 것이 무엇보다 좋기 때문이지. 요사이 청소년 문제가 자주 이야기되고 있는데, 그건 아이들이 부모님과 함께 식사를 하지 않아서 문제가 잘 안 풀린다는 생각도 하게 된다. 중·고등학교 학생들한테 설문 조사를 해 보니 엄마가 음식해 주는 걸 제일 좋아하더라는 통계를 신문에서 읽은 적이 있다. 음식 만들기가 귀찮다고 돈만 주어 나가서 아무 거나 한 끼 사먹는 것보다 엄마가 정성들여 만들어 주는 한 가지의 음식이 아이들한테는 더 귀중하다고 본다.

식사 후에는 가족 모두가 자기가 먹은 그릇은 설거지통에 가져다 두고, 식탁을 정리하는 것도, 그릇을 닦아 제자리에 두는 것도 함께 하는 것이 좋겠지. 남자고 여자고 간에 집안일은 가족 모두의 일이니까. 이제는 점점 남자의 일, 여자의 일 구분이 없어지는 거 아니니? 밖에서 온종일 일하고 온 사람 집에 와서까지 일을 해야 하느냐고도 하겠지만 집에 있는 사람이라고 하루 종일 노는 것만도 아니고, 밖에서 하루 종일 정신 노동하다가 집에 와서 일 같지 않은 일 조금 하면 스트레스도 풀리고 일하면서 그날 있었던 얘기도 서로 나누면 좋겠지.

나는 아이들한테 이것저것 먹이고 싶어서 여러 가지의 음식을 해 보았다. 책도 읽고 창작도 하여, 해 놓은 후 잘 먹으면 또 다른 방식으로도 해 보구. 인도네시아나 필리핀 등지에 살 때에는 그 나라에서 많이 나는 것을 사다가 해먹이곤 했지. 미국에서는 무엇이건 있으니까 이것저것 다 해 보았구. 나름대로 좋은 엄마 노릇 해 보려구 애를 썼었지. 필리핀에 있을 때인데 학창 시절 친했던 어느 친구가 글쓴 것을 보고 너무나 잘 써서 굉장히 감격했었지. 감격은 잠깐이었고 그 후에는 그 친구는 이렇게 많이 컸는데 난 이게 뭔가 싶어서 며칠을 우울했단다. 애들이 엄마 어디 아프냐고, 왜 그러느냐고 묻더군. 처음에는 아무렇지도 않다고 했다가 나중에 이실

직고를 했더니 애들 얘기가 아줌마는 글을 잘 쓰시지만 엄마는 음식 잘 해 주는 좋은 엄마니까 된 거 아니냐고 위로해 주었는데, 가끔 음식하기 귀찮을 때는 그 소리가 생각나 다시 열심히 하곤 한다. 아이들의 한 마디가 나에게 큰 용기를 주었어. 어느 위치에 있든 최선을 다하며 산다는 게 좋은 거 아닐까 생각한다.

너희들은 한국에서 자라서 미국에서 신혼 살림을 시작했으니까 걸핏하면 친정어머니께 전화해서 도움을 청하는 서울 새댁들보다 어려움이 더 많겠지만, 그 대신 더 빠른 기간에 익숙해질 수 있다고 믿는다.

주부들이 흔히 음식할 때 자기가 싫어하는 것은 자연히 안 하게 되는데 안 먹어 보던 음식은 안 먹거나 못 먹거나 하는 사람들이 의외로 많더라. 지금은 국제화 시대인데 음식이 국제화되지 않으면 곤란할 때가 많으므로 아이들을 위해서도 이것저것 해먹는 것이 좋을 듯하다. 어른이 된 후에는 식성을 고치기가 힘드니까.

내가 미국에 있을 때 너희 시아버님 회사의 사원 한 분이 힘든 수술 때문에 미국에 오셨는데 음식 때문에 너무 고생하셨지. 병원에서는 매주 영양사가 환자한테 와서 좋아하는 음식을 묻고 거기에 맞추어 영양가 따져 식단을 짜는데, 이 분은 한국 음식만 좋아하기 때문에 해당 사항이 없는 거야. 영양사가 동양인이 좋아할 거라고 대강 생각해서 만든 음식을 입에도 안 대고. 수술은 잘 됐는데 아무 것도 입에 대지를 않으니까 주치의가 이 사람은 병으로 죽는게 아니라 굶어죽게 되었다며 나한테 한국 음식을 좀 해다 주라고 해서 일주일쯤 해다 드렸었지. 필리핀에 있을 때는 어느 한국 선원이 원목 실은 배를 탔다가 원목이 굴러 떨어져 팔을 자르게 됐는데, 이 사람도 한국 음식 이외에는 아무 것도 못 먹어서 내가 병원에 음식을 매일 해다 드렸었지. 이런 걸 보아 음식은 어느 나라 음식이건 다 먹을 수 있어야지 편식을 하든지 안 먹어 본 음식은 못 먹든지 하면 힘들겠더라.

나도 어렸을 때는 남의 집에 가서 음식을 못 먹었었다. 남의 집 음식에서는 약 냄새가 나는 것 같아서 말이다. 우리 어머니의 음식이 꽤 까다로우셨거든. 사서 먹는 것은 더럽다고 하는 것이 많았고 비린내가 나서 안 된다, 잘 체하는 것이라 안 된다는 등등. 아무튼 그래도 나중에 전쟁 때문에 그런 일들 다 잊고 뭐든 먹을 수 있게 됐지. 승애 아줌마는 자기가 못 먹는, 안 먹는 음식들을 남편과 아이들한테는 참 잘해 주는 것이 존경스럽기까지 하다. 자기는 냄새 때문에 밥도 잘 못 먹으면서 아이들한테는 해 주시거든. 자기가 제일 좋아하고 사랑하는 가족을 위해서 그렇게 하는 것 아니겠니.

음식 만들기 전에는 계획을 짜야 한단다. 예산도 세우고.

여기엔 만들 음식들의 재료와 준비 과정, 계량, 만드는 순서와 요령 등을 참고 사항으로 적었는데, 너희들이 더 쉽게 한다든가 더 좋은 방법이 있다면, 메모란에 고치도록 해라. 너희들도 음식은 다 만들 줄 알겠지만 무엇을 만들어 먹어야 할지 생각이 잘 떠오르지 않을 때 혹시 참고가 될까 해서 적어 보는 것이다. 그러니까 특별한 음식을 하기 위해서라기보다 매일 먹는 일상적인 음식 마련을 위한 것이라고 하겠지. 그리고 살아가다 보면 꼭 당하게 되는 행사에 쓰는 음식도 몇 가지 덧붙여 보려 한다.

결혼하자마자 미국에서 신접 살림을 차리게 된 너희들에게 어떻게 하면 도움이 될까 해서 틈틈이 적어 본 나의 음식 만드는 방법이 참고가 되었으면 좋겠다. 단, 시어머니가 이렇게 하셨다니까 나도 꼭 그렇게 해야 하는 것 아닌가 하고 공연한 스트레스는 받지 않기 바란다. 딸이 없는 나로서는 딸 둘을 얻은 것 같은 흐뭇한 마음으로 너희를 생각하고 써 본 것이니까. 다 아는 얘기, 이미 아는 방법 같은 것은 노파심이라고 생각하고 보아 주기 바란다.

일반 상식

여기에 적는 계량은 서울의 간장·설탕이니까 너희가 미국에서 쓰는 간장·소금·설탕은 너희 입맛에 맞게 수정하도록.

한국 음식에서 항상 쓰는 게 파·마늘·생강인데, 이것들을 쓸 때마다 다듬고 씻고 다져서 쓰려면 번거로우니까 시간이 있을 때나 시장 본 직후 채소는 씻어서 채소통에, 파와 마늘은 다져서 작은 통에 넣고 쓰면 음식하기가 훨씬 수월하다.

매일 해먹는 음식을 할 때는 한두 가지이고 시간에 쫓기지 않으니까 상관없겠지만 손님이 오시는 날엔 몇 가지 음식을 한꺼번에 하려면 여간 바쁜 게 아니란다. 매번 도마를 씻고 또 냉장고에서 이것 꺼내고 저것 꺼내고 하려면 복합하니까 미리 메뉴 짠 것을 써서 잘 보이는 데에 붙여 놓고 채소·생선·고기 등을 구분해 차례대로 쓰면 도마를 덜 씻고도 쉽게 할 수 있을 거다.

장보는 요령

손님이 오실 때의 장보기는 그때에 맞추면 되는 것이고, 밀가루 · 참기름 · 식용유 · 간장 · 소금 · 설탕같이 썩지 않고 항상 있어야 할 물건들은 여분으로 1~2통(자루)이 있어야 할 거고 (일하다가 이런 것이 떨어지면 사러 가야 하니까 시간이 많이 없어지겠지).

채소는 일주일 분량만 한 주의 어느 날을 정해서 사다가 다듬고 씻고 정리해서 두는 것이 좋을 것이다. 시장에 갔다가 무슨 물건이 싸다고 잔뜩 사다 놓았다가 못 쓰게 되면 싼 게 비지떡이 되니까. 나는 서울에서 가락시장을 잘 가는데 조금만 달라고 해도 많이 주고, 가져오면 다 냉장고에 넣기도 힘들지. 전기값도 많이 나가기 때문에 더욱 손해지만 집 근처엔 시장이 없어서 버릴 땐 버리더라도 사오게 돼.

오이 같은 것은 3~4일이면 못쓰게 되지. 채소마다 냉장고에서 썩지 않는 기간이 있으므로 당근이나 샐러리 같은 것은 씻지 말고 신문지에 싸서 넣어 두면 더 오래 쓸 수 있으니까 피치 못해 많이 사온 것은 될 수 있는 한 음식을 만들어 두는 것이 좋고, 그것도 안 되면 오래 갈 수 있는 방법을 쓰고, 가장 좋은 방법은 꼭 알맞게, 규모 있게 사는 거다.

참고로 계량을 적어 보면,

1근은 600그램,
1파운드는 453그램이고,
1컵은 16큰술이고,
1온스는 28그램,
1큰술은 3작은술,
갈아 놓은 고기 1컵은 200그램이란다.

늘 준비해 두면 편리한 기본 양념

파

깨끗이 씻은 후 다져서 작은 통에 넣어 놓고 쓰면 편리하다. 한국 음식의 기본 양념이니까 많이 사게 되면 우선 쓸 만큼만 씻어 놓고, 쓰지 않을 것은 신문지에 싸서 플라스틱 통에 넣어두면 오래 두어도 상하지 않는다.

다질 때에는 대궁이의 하얀 쪽을 길이로 몇 번 갈라놓은 후 송송 썰면 손쉽고 빠르다. 다져서 플라스틱 통에 넣어 둔 파는 보송보송해서 좋다. 파뿌리는 돼지고기 삶을 때 넣어도 좋고, 특히 동치미 할 때 흙 없이 깨끗이 씻어서 우거지같이 넣으면 김칫국물이 시원하고 맛이 있다.

씻어서 둘 때는 뿌리를 자르지 말고 두는 것이 좋다. 이유는 뿌리를 바짝 잘라 놓으면 파 속이 쑥 삐져나오기 때문이지.

마늘

마늘은 까서 플라스틱 통에 넣어 두고 써도 되는데 일주일분 정도는 다져서 작은 통에 넣고 쓰면 손쉽다. 칼자루로 이기지 말고 칼등으로 톡톡 친 후 몇 번 다지면 쉽고 까 놓은 마늘이 있을 때에는 마늘 다지는 기계로(꾹 짜는 것) 해도 되는데, 난 그 기계 씻는 것이 더 힘들더라.

귀찮아도 가늘게 채친 후 다시 다지면 마늘 누린내가 안 나서 좋다. 다져 파는 것도 있는데 깨끗한지가 의문이고. 중국 사람들은 껍질째 중국 칼로 한 번 탁 쳐서 몇 번 다져 쓰더라.

끓이는 요리에는 마늘을 많이 넣어도 무방하지만 날로 먹는 데는 마늘을 많이 넣으면 냄새 때문에 외국인을 상대할 때는 조심하기 바란다. 마늘을 많이 넣었다고 음식 맛이 좋아지는 것은 아니니까. 절에서는 마늘을 한 쪽도 안 쓰는데 음식이 얼마나 맛있다고!

잣가루

고기 요리를 할 때나 밀쌈이나 구절판 등 좀 복잡한 요리에 들어가는데, 불고기를 해서도 잣가루를 뿌리면 더 고급스런 맛이 날거다. 비싼 것이 흠이긴 하지만 동물성 기름을 식물성으로 바꿔 준다고 하니까.

잣의 고깔을 따고 도마에 종이 행주를 깔고 칼로 다지는데 칼 끝을 칼을 잡지 않은 손으로 누르고 다진다. 종이를 이리저리 돌려 가면서 다지면 잣에서 나오는 기름이 종이에 배지. 가루가 다 되었으면 새 종이에 싸고 비닐 봉지에 다시 덧싸서 냉동실에 넣어 두고 쓴다. 미국에는 치즈 가는 기계가 있던데, 거기에다 가니까 굉장히 쉽더라.

생강

껍질을 까서 플라스틱 통에 넣어 두고 써도 되고, 한국산 생강 이외에는 다 큼직하기 때문에 얇게 저민 후 사과같이 깎아도 되더라.

다질 때는 비닐 종이에 싸서 그 위에서 다지니까 도마도 깨끗하던데.

보통은 다져서 쓰고 생강즙을 만들어 쓰면 먹을 때 씹히지 않아서 좋더라. 즙을 짜서 쓰고 남는 건 생란을 만들면 좋고.

깨소금

깨는 바가지에 담고 물을 부은 뒤 잘 으깬 후 깨가 안 빠져 나갈 만큼의 가는 체에 이는 것같이 씻으면 돌이 나온다. 쌀 씻듯이 씻으면 깨가 많이 물에 나가게 되지.
물을 부어 으깬 후 물을 더 넣어 위에 동동 뜨는 깨는 쭉정이니까 그것은 버리고 물에 가라앉은 깨만 조리나 체에 밭여라.
프라이팬에 놓고 볶을 때 처음에는 약간 센 불에서 볶다가 물기가 다 없어져 깨가 톡톡 튀기 시작하면 불을 줄이고 깨가 타지 않게 볶는데 톡톡 튀다가 그만 튀면 다 된 것이다.
손으로 싹 비벼 보아 잘 비벼지면 다 된 건데 깨가 다 익어서 불을 껐다고 그냥 두면 불 없는 프라이팬 속에서도 잘 타니까 계속 저어 프라이팬이 다 식은 것을 확인한 후 다른 일을 하든지 깨 볶은 것을 다른 그릇에 옮길 것.

소금

소금은 아주 가는 소금과 하얀 꽃소금(고운 소금), 굵은 소금이 있는데, 여기에서는 가는 소금과 꽃소금만 썼어.
나는 요사이 굵은 소금을 볶아서 갈아 놓고 쓰는데 맛이 제일 좋은 것 같아. 볶은 소금 파는 것이 있으면 사다가 쓰고. 볶은 소금과 가는 소금은 분량이 거의 같더라.

간장

시중에서 파는 간장이 있고 집에서 만든 간장이 있지. 파는 간장에도 국간장 · 양조간장 등 종류가 많지.
여기에서 말하는 간장은 진간장을 말하는 거고 집간장은 집에서 담근 간장이다.

멸칫가루

멸치를 사다가 머리와 똥을 따 낸다.
머리는 바싹 말려 갈아서 가루로 두고 쓰면 좋더라.

식초

식초는 쌀식초 · 감식초 · 현미식초 · 양파식초 · 양조식초 등 여러 가지가 있는데 나는 화이트식초를 쓴단다.
다른 식초는 조금 덜 시기 때문에 다른 종류의 식초를 쓰려면 여기 쓴 분량보다 많이 넣어야 하지.

양념장

초간장

간장 1큰술
식초 2작은술
설탕 1/2작은술
음식에 따라서 고춧가루 · 깨소금 · 잣가루를 넣는다.

초고추장

고추장 2큰술
꿀 1큰술
식초 1큰술
설탕이나 물엿을 꿀 대신에 넣기도 한다.

조림장

돼지갈비강정 할 때
(돼지갈비 1파운드)
간장 3큰술
설탕 2큰술
술 2큰술
꿀 1큰술
참기름 1큰술
맛을 맵게 하기 위해서는 마른 고추를 넣는데, 만일 고추가 없으면 고추장을 넣어도 된다(간장 2에 고추장 1로). 마늘 · 생강을 2~3쪽 정도 저며서 넣는다.

닭강정 할 때(닭 1파운드)
간장 2큰술
고추장 1큰술(고추장 대신 마른 고추를 쓸 때는 간장을 1큰술 더 넣는다.)
설탕 2큰술
꿀 1큰술
술 2큰술
참기름 1큰술
마늘 · 생강을 2~3쪽 정도 저며서 넣는다.

생선 조림장(뼈가 있는 생선 1파운드일 때)
간장 2큰술
고추장 1큰술
설탕 1큰술
술 1큰술
식초 1/2큰술(조미술을 넣으면 더 좋음.)
마늘과 생강은 채썰어 넣고 끓여서 쓴다.

불고기 양념장

(고기가 1파운드일 때)

① 간장 3큰술
설탕 2큰술
꿀 1큰술
술 2큰술
참기름 1큰술
다진 파 1큰술
다진 마늘 1작은술
깨소금 1큰술
후춧가루 약간

② 간장 2큰술
설탕 2큰술
집간장 1큰술
꿀 1큰술
배즙 1큰술
참기름 1큰술
생강즙 1작은술
다진 파 1큰술
다진 마늘 1작은술
깨소금 1큰술
후춧가루 약간

겉절이나 채소 등을 날로 무쳐 먹을 때

간장 2큰술
식초 2큰술
설탕 2큰술
멸치액젓 2큰술
고춧가루 1큰술
깨소금 1큰술
파 다진 것 2큰술
마늘 다진 것 1/4 작은술
(마늘 대신 풋마늘 잎을 넣어도 된다.)

위의 양념장을 만들어 씻어 놓은 겉절이거리에 뿌리면 된다.

밤 같은 딱딱한 것을 무칠 때

소금 1큰술
설탕 5큰술
식초 3큰술
고춧가루 2큰술

겨자장

겨자 1큰술
식초 3큰술
설탕 3큰술
소금 1작은술

조금 짠 간장을 쓸 때

(우리 나라 사람들이 좋아하는 일본 진간장 같은 것)

간장 2컵
설탕 2/3컵
꿀 1/2컵

이것을 잘 섞어 놓고 쓰면 편할 게다.

맛된장

준비

된장, 멸칫가루, 참기름, 다진 마늘, 밀풀

만들기

팬을 불에 얹어 뜨거워지면 참기름 1큰술과 마늘 1작은술을 넣어 볶다가 멸칫가루 1큰술을 넣고 더 볶은 후 된장 1/2컵을 체에 내려 함께 볶는다.

다 볶아진 후에 물 1/2컵에 밀가루 1큰술을 푼 밀가루물을 넣어 끓인 다음 식으면 유리병 같은 데에 넣어 두고 쓰면 된다(걸쭉해진다).

참고

멸칫가루에 참기름과 마늘을 넣고 볶으면 멸치 비린내가 안 나서 좋다. 이렇게 만들어 놓은 된장이 있으면 찌개를 만들 때나 국을 끓일 때 편리하지.

다진 고기 1/2컵을 참기름 1작은술, 다진 마늘 1작은술, 후추를 넣고 볶다가 이 맛된장과 고추장을 넣어 볶아 쌈장으로 해도 좋지.

멸치젓국과 고춧가루 등을 넣어 쌈장을 만들기도 하던데 너무 짜더라.

이렇게 만들어 둔 된장은 고기를 좀 썰어서 볶다가 풋고추를 넣고 이 된장을 두어 숟가락 넣어 끓이다가 두부를 넣으면 훌륭한 된장찌개가 되지.

쌈장

준비

고추장, 된장, 갈아 놓은 고기, 두부, 멸칫가루, 밀풀, 마늘, 참기름

만들기

냄비에 참기름과 멸칫가루 각 1큰술을 넣고 다진 마늘 1/2작은술을 넣어 볶다가 된장 1/4컵을 쇠조리에 내려서 고추장과 함께 섞어 볶다가 1큰술의 밀가루에 물 1/4컵을 넣은 밀풀을 넣어 끓여 놓는다.

갈아 놓은 고기 1/4컵에 1/2작은술의 마늘과 설탕, 1큰술의 참기름을 넣어 볶다가 다진 양파 1/4컵을 더 넣어 볶은 후 준비해 두었던 된장볶음을 넣는다. 여기에 풋고추가 있으면 송송 썰어 넣어도 좋고, 펄떡펄떡 끓을 때 두부를 도마에 놓고 으깨든지 쇠조리에 내리든지 해서 함께 넣고 끓인다.

타지 않게 가끔 저어 주고. 국물이 거의 다 졸았을 때 부춧잎이 있으면 뚝뚝 잘라 넣으면 구수하고 맛있는데, 부춧잎이 없으면 파를 숭숭 썰어 넣으면 누린내도 안 나고 맛이 있다. 상에 낼 때 참기름과 깨소금을 뿌려 내.

참고

우리 집에서는 상추쌈을 먹을 때 위의 쌈장과 고추장 양념과 불고기 또는 로스구이, 참치캔의 국물을 따라 내고 파와 고춧가루, 국간장을 조금 부어 조린 참치를 넣어 쌈을 하지.

볶음고추장

준비

갈아 놓은 고기, 고추장, 설탕 또는 꿀, 참기름, 잣 또는 통깨

만들기

갈아 놓은 고기 1컵에 참기름 1큰술을 넣고 곱게 다진 마늘 1작은술을 넣어 볶아, 고기가 다 익었으면 고추장 2컵을 넣고 볶는다.

잘 저으면서 끓이고 펄떡펄떡 끓을 때 꿀과 설탕을 합쳐 1/2컵을 넣고 한 번 더 끓여 불을 끄고 통깨나 잣을 넣는다.

참고

고추장이 달면 설탕을 덜 넣어도 된다. 고추장을 많이 볶을 때는 굉장히 튀니까 부엌바닥에는 신문지를 깔고 벽 같은 데도 신문지를 테이프로 붙이고 하면 나중에 일이 좀 쉽다.

고추장 볶을 때 배즙을 조금씩 넣어 가며 볶으니까 덜 딱딱해지고 거의 다 볶아진 후에는 참기름을 1/2컵 정도 더 넣으니까 반짝반짝해지더라. 강인희 선생님께 배웠지.

서양 음식 먹을 때 가장 많이 쓰는 소스를 몇 가지 덧붙일까 한다.

마요네즈

준비

계란 노른자 2개, 식초와 레몬주스 각 1큰술, 식용유 1컵, 양겨자 1작은술, 소금 1/2작은술, 설탕 1큰술

만들기

그릇에 계란 노른자와 양겨자를 섞고 소금과 설탕을 섞은 후 나무 주걱이나 거품기로 저으면서 식용유와 식초를 번갈아 가면서 섞는데, 기름을 계속 넣다가 너무 되다 싶으면 그 때 식초를 한 방울 떨어뜨리면 금방 묽어진다.

이런 식으로 기름과 식초, 레몬 주스가 다 없어질 때까지 저으면서 섞으면 된다.

식품점에서 파는 것도 많지만 알아 두는 것도 좋을 것 같아서 적었다.

다우젠 아일랜드

준비

마요네즈 1컵, 칠리 소스 1/4컵(없으면 대신 토마토 케첩을 넣고 핫소스를 1작은술 넣으면 된다), 삶은 계란 2개, 다진 피망과 셀러리 각 2큰술, 다진 양파 1컵, 소금 1/2작은술, 파프리카(향신료로 쓰이는 서양 고추)

만들기

삶은 계란을 다져서 위의 재료를 모두 합쳐 잘 저으면 된다. 빨간 피망을 다져 같이 넣어도 좋다. 파는 것보다 훨씬 맛이 좋지. 번거롭기는 해도.

칵테일 소스

준비

칠리 소스 3/4컵, 레몬 주스 1/4컵, 양겨자 또는 호스래디시(horseradish) 2큰술, 미국 간장 2작은술, 갈아 놓은 양파 1작은술

만들기

위의 재료를 모두 섞으면 되는데, 칠리 소스가 없으면 토마토 케첩에 핫소스를 2작은술만 넣으면 맛이 비슷해진다.

삶은 새우를 찍어 먹기도 하고 생굴을 찍어 먹어도 우리나라 초고추장 같아서 좋다. 핫소스가 없을 때는 고추장을 조금 넣어도 된다.

화이트소스

준비

버터, 밀가루, 소금, 우유

만들기

버터 2큰술을 약한 불에서 녹인 후 밀가루 2큰술을 넣어 볶는다. 연한 갈색이 될 때까지 볶은 후 우유 1컵을 한꺼번에 넣고 거품기로 빨리 저으면서 불을 세게 하여 끓인 후 소금 1/4작은술을 넣는다.

생선이나 크림 수프를 만들 때 또는 로스트의 그레이비를 만들 때 이것을 사용하여 소스를 만들 때가 많다.

브라운 소스

준비

버터, 밀가루, 국국물

만들기

화이트소스 만들 때처럼 밀가루를 볶다가 우유 대신 고깃국물을 붓는다. 고깃국물 끓일 때 양파와 셀러리·피망·통후추를 더 넣어 끓이면 된다. 밀가루 2큰술을 볶을 분량이면 고깃국물 2컵을 부어 30분쯤 조리면 된다. 나는 고깃국물 1컵을 넣어 쇠고기맛난이(beef flavor base)를 한 개 넣으니 간도 맞고 좋더라.

1 밥

우리 나라 음식의 주식은 밥이다. 밥이 맛있게 지어졌으면 반찬이 없어도 좋을 정도지. 손님이 오셨을 때 가장 하기 힘든 게 밥이라고 생각한다. 밥은 남기도 쉽지만 또 모자라기도 쉽기 때문이지. 이렇게 급할 때 할 수 있는 밥과 밥 한 가지만 가지고도 한 끼를 때울 수 있는 밥들을 가르쳐 줄까 한다.

흰밥

준비

잘 씻은 쌀

만들기

밥솥에 쌀과 같은 양의 끓는 물을 붓고 끓인다(불지 않은 쌀일 때는 1과 1/4컵).

쌀이 끓기 시작하면 주걱으로 한 번 젓는다.

불을 약하게 해놓고 한 번 더 끓으면 다시 한 번 저은 후 불을 아주 약하게 해서 뜸을 들이면 된다.

오곡밥

준비

찹쌀, 멥쌀, 검은콩, 팥, 차수수, 차조

만들기

찹쌀과 멥쌀을 잘 씻어 물에 담가 불려 놓는다. 검은콩도 물에 잘 씻은 후 물에 불려 놓는다.

붉은팥을 씻어 찬물에 한 번 끓인 후 부르르 끓으면 그 물을 따라 버리고 새 물을 부어 끓여 놓는다(팥알이 통통하게 익을 때까지만).

팥 삶은 물 1컵에 꽃소금 작은술을 넣어 잘 섞어 둔다.

차수수는 하루 전에 씻어 물에 불리면서 자주 물을 갈아 주어 떫은 맛을 뺀다. 차조만 빼고 나머지 곡식만으로 밥을 짓는 데는 찹쌀과 멥쌀이 각 1컵이면 불린 콩과 삶은 팥, 불린 차수수·차조는 각 1/4컵이면 되지.

밥 지을 때 물은 팥 삶은 물을 넣어야 하고 찹쌀이 많이 들어가기 때문에 물을 덜 넣어야 하는데 곡식 1컵일 때 물은 1컵에서 3큰술을 덜어내고 짓는다.

밥이 끓을 때 씻어 둔 차조를 넣어 뜸을 들인다. 차조를 미리 넣으면 밥솥 뚜껑에 차조가 다 달라붙더라.

참고

오곡밥을 할 때는 반드시 소금물을 넣어야 한다. 팥 삶을 때 너무 무르게 삶으면 팥이 다 터져서 보기에 덜 좋단다.

찜통에 찔려면 팥 삶은 물에 찹쌀을 불려야 색이 곱지. 그리고 찜통에 찔 때는 곡식을 모두 합쳐 찜통에 베보자기를 깔고 물이 펄펄 끓을 때 얹어야 하고 이때에는 멥쌀을 넣지 않는 것이 좋다.

김이 올라 쌀알이 거의 다 익었으면 그 때 가끔 소금물을 위에 뿌려 줘야 밥이 간이 맞는단다.

비빔밥

준비

콩나물, 무, 고사리, 당근, 시금치, 풋고추, 피망, 양파, 호박, 오이, 표고버섯, 고기, 튀각, 고추장(고추장 · 참기름 · 꿀을 섞음.)

만들기

쌀(4컵)은 미리 씻어서 소쿠리에 밭여 둔다.

고사리 · 시금치나물 · 오이는 뒤에 나물 만드는 데에 써 있으니까 그것을 참고하고, 당근 · 풋고추 · 피망 · 양파 · 표고버섯 · 고기는 잡채 만드는 법에서 참고하면 된다.

호박은 반으로 잘라서 씨가 있으면 씨를 빼고(돌려깎기로 하면 겉만 쓰게 되니까) 채를 치든지 그냥 썰든지 해서 소금을 조금 뿌리고 잠시 두었다가 꼭 짜서 기름을 두르고 볶은 후 파 · 깨소금 · 고춧가루 · 참기름을 조금 넣고 무치면 된다.

무는 채썰어서 소금을 뿌렸다가 꼭 짜서 기름을 조금만 두르고 볶다가 후추 · 파를 넣고 무쳐 놓는다.

콩나물은 냄비에 기름을 두르고 마늘을 먼저 넣고 콩나물과 소금을 넣고 볶다가 불을 좀 줄인 후 뚜껑을 덮고 콩나물이 익도록 둔다. 콩나물 익는 냄새가 나면 파 썬 것을 넣고 깨소금과 고춧가루 · 참기름을 넣어 무친다.

밥을 지을 때 쌀이 1컵이면 물은 1컵에서 2큰술을 뺀 양으로 해서 끓으면 고기 볶아 놓은 것과 나물을 끓고 있는 밥 위에 얹어서 뜸이 푹 들게 한다. 뜸이 다 들면 다른 그릇에 퍼서 참기름과 깨소금을 넣어 비비고 이것을 먹을 때 식성에 따라 고추장을 더 넣어 먹을 수 있도록 양념한 고추장을 따로 놓는다.

돌솥비빔밥을 하려면 돌솥에 먼저 기름을 두른 후 쌀을 2/3컵 정도만 넣고(물은 쌀보다 약간 적게) 밥이 끓기 시작하면 양념한 고기를 끓고 있는 밥 위에 놓고, 파란색의 나물만 빼고 다른 나물들은 뜸들 때 얹고 뜸이 다 들었다 싶으면 상에 낼 때 파란색 나물을 얹어 낸다. 참기름과 양념고추장은 따로 놓는다.

대접에다 담아 내려면 밥은 보통 밥보다는 고슬고슬하게 지어 밥을 대접에 푸고 참기름을 밥 위에 조금 뿌린 후 나물을 색색으로 얹어 계란 프라이한 것을 하나 위에 얹든지 하고, 고추장 양념한 것도 한 수저 떠 나물 위에 얹고, 좋을 대로 해.

참고

공중 요리에 골동반이라는 게 있는데 그걸 읽어 보니까 비빔밥에 생선전 두어 조각 얹은 거더라. 생선전을 비빔밥 한다고 따로 부칠 것까지는 없고 손님 치르고 남은 저냐 조각이 있으면 예쁘게 썰어 얹으면 그럴 듯하겠지.

위에 적어 놓은 나물들은 이런 것을 넣어 비빔밥을 할 수 있다는 거지 다 만들어 넣으라는 게 아니니까 나물 여러 가지 만드느라고 애쓰지 말고. 고기까지 합쳐 5~6가지면 훌륭하다. 제사 끝난 후 삼색 나물하고 산적 썬 것, 생선전, 배를 채쳐서 넣고 비비면 무척 맛이 있더라. 튀각을 넣어도 맛이 있는데 만들기가 좀 복잡하지. 동양 식품점에 다시마를 실같이 썰어서 봉지에 넣어 파는 게 있는데, 그것을 사다가 기름에 그냥 볶아서 쓰면 편하고 맛도 좋을 거다.

쌀이 4컵이면 각종 나물 만든 것 4~6컵, 볶은 고기 1컵이면 적당하다.

김치콩나물밥

준비

고기(갖은 양념), 김치, 콩나물, 쌀, 양념장

만들기

쌀을 2컵 씻어 놓는다.

고기는 쇠고기나 돼지고기를 식성대로 준비하여 양념을 해 두는데 쇠고기 1컵에 양념은 간장 1큰술, 설탕·마늘·참기름 각 1큰술, 후추 1/2작은술을 넣고 잘 주무른다. 돼지고기를 쓰려면 생강즙 1작은술을 더 넣는다.

김치는 송송 썰어서 너무 꼭 짜지 말고 대강 짜서 1컵을 고기와 함께 섞어 놓고, 콩나물은 뿌리를 따로 씻어 놓는다.

밥할 솥 맨 밑에 고기 양념한 김치를 깔고, 그 다음에 쌀을 한 켜 놓고, 그 다음에 고기 양념한 김치를 놓고, 밥물은 쌀이 2컵이면 물 1과 3/4컵을 꼭 재서 붓는다. 물이 많으면 밥이 질척해서 맛이 없다.

김밥

밥이 바글바글 끓을 때 콩나물 3컵을 얹고 뜸이 잘 들게 하고 뜸이 다 들었으면 살살 섞어 푸면서 참기름 1큰술을 넣는다.
양념장을 곁들여 낸다.

양념장:
파 다진 것 2큰술, 풋고추가 있어 다져 넣으면 더욱 좋고, 깨소금·참기름 각 1큰술, 고춧가루 1작은술, 간장 2큰술을 섞어 만들면 되는데, 간장은 재료가 섞일 정도로만 넣는 게 좋지. 양념 맛 즐기려고 양념장을 만드는 거니까.

참고
김치가 시어졌을 때는 물에 헹군 후 고추장·식용유·설탕을 넣어 무친 후 고기와 섞으면 좋다.
콩나물을 먼저 넣으면 콩나물이 질겨진다.

준비
김, 쌀
속재료(김밥 12줄 분량):
고기, 계란, 오이, 당근, 단무지, 시금치, 박고지, 표고버섯(각 재료는 12줄씩 준비한다.)
식촛물:
식초, 소금, 설탕

만들기
쌀 4컵을 씻어서 물을 빼둔다(20~30분 둔다).

김밥속
식초 1/2컵에 설탕 1/2컵, 소금(꽃소금) 1큰술을 넣어 식촛물을 만들고 설탕·소금이 다 녹으면 오이와 당근을 김 길이로 5밀리미터 두께와 넓이로 잘라 이 식촛물에 담근다. 단무지도 같은 모양으로 잘라 놓는다.
계란(4개)은 소금을 넣고 잘 저어 팬을 중간불로 달군 후 돌돌 말아 가며 지져서 식힌 후 단무지와 같은 크기로 썰어 놓는다. 고기(1/2파운드)는 넓적하게 저며서 불고기 양념장에 재어 놓고 팬에 지져서 단무지와 같은 크기로 썰어 놓는다.
시금치는 데쳐서 소금 맞춰 무쳐서 간추려 놓는다. 박고지는 잘 주물러 씻어서 멸칫국물에 설탕 3큰술, 간장 3큰술의 비율로 간을 맞춰 그 국물이 다 없어질 때까지 조린다.
중간 크기의 표고버섯을 한 번 씻어 미지근한 물에 20분쯤 담근다. 조금 부드러워지면 꼭지를 따고 5밀리미터 두께로 썰어 불렸던 물에 20분쯤 끓인 후 간장과 설탕·조미술을 각 2큰술 넣고 조린다.

밥

씻어 놓았던 쌀 4컵에 물 4컵을 붓고 밥을 지은 다음 쌀식초 1/2컵, 설탕 1/2컵에서 1큰술을 덜어 내고(7큰술) 소금 2작은술(미국 소금, 서울에서는 한주소금)을 넣어 설탕이 녹게 끓인 후 다 된 밥을 다른 그릇에 퍼서 이 식촛물을 부으면서 잘 섞는다(섞을 때는 부채질을 한다). 이렇게 만들어 놓은 밥으로 김밥을 만다.

참고

김밥속은 위에 써 놓은 것을 다 넣을 필요는 없고 색깔 맞춰서 다섯 가지 정도만 넣으면 된다. 김치를 길게 썰든지 찢든지 해서 참기름·깨소금에 무쳐 넣어도 맛이 있다. 시금치나 오이 중 하나만 넣으면 된다.

이렇게 만든 초밥으로 생선을 사다가 생선초밥을 해먹으면 좋더라. 생선회용으로 조금씩 토막내서 파는 게 있으니까, 일본식 겨자(와사비)를 넣어 만들면 되지.

유부를 사다가 유부초밥을 해도 되고. 캔에 들어 있는 유부는 우리 입엔 너무 달더라. 캔 속의 물을 따라 버리고 같은 양의 간장·설탕에 잠깐 다시 조려 쓰면 돼.

2 국

국은 국물을 맛있게 만들어야 한다. 고깃국물은 고기의 기름을 떼어 낸 것을 버리지 말고 냉동시켰다가 이용하면 좋고, 뼈가 들어가면 맛이 있으니까 잡뼈를 한 패키지 사다가 넣으면 좋단다. 될 수 있으면 여러 부위 고기를 넣는 게 한 가지만 넣는 것보다 맛이 좋더라. 맑은장국이나 된장국이나 다 미리 끓여 두었던 국국물로 하면 맛이 있다. 먼저 고기를 찬물에 담가 핏물을 빼고 끓는 물에 넣어 한 번 끓인 후 그 물을 버리고 다시 찬물에 고기를 넣고 푹 삶는다. 그 물을 체에 밭여 기름이 있는 채로 용기에 담아 식힌 후 냉장고에 넣으면 기름이 초같이 딱딱하게 굳는데 오래 두어도 상하지 않으니까 기름을 버리지 말 것. 국물을 쓸 때에는 굳어진 기름을 걷어 내면 되고.

멸칫국물은 찬물 8컵에 멸치 1컵, 다시마 손바닥만한 것 1장, 마른 표고버섯 2장을 넣어 3~4시간 담가 두었다가 불에 얹어 뚜껑을 연 채로 끓인다. 부르르 끓으면 불을 끄고 그 물이 다 식을 때까지 두었다가 쓴다.

서양과 중국에서는 국을 제일 먼저 또는 제일 나중에 먹는데 우리 나라에서 국은 음식과 함께 먹지. 국이 일품 요리(?)가 되기도 하고. 국의 비중이 굉장하다고나 할까. 국이나 찌개 없이는 밥을 안 먹은 것 같다는 사람도 있고. 하지만 국 한 가지 맛있게 끓이고 김치나 깍두기만 있으면 한 끼 식사가 잘 되는 때도 있으니까. 몹시 지쳐서 식욕이 나지 않을 때 국 한 술 떠먹으면 몸도 마음도 조금 풀리던 경험이 너희들에게도 있는지 몰라. 한국의 국맛은 한국인의 정서를 안정시키는 묘한 효험이 있는 것 같아.

국은 보통 맑은장국과 토장국 · 소금국이 있지. 비빔밥 · 김밥과 같은 밥에는 맑은장국이 어울리고, 조림이나 구이 등 다른 반찬과 같이 먹을 때는 토장국이 좋고.

맑은장국

미역국

준비

미역을 물에 담근다. 마늘과 참기름·국간장을 준비한다. 국국물이 없을 때는 고기를 썰어 놓는다.

만들기 ①

냄비를 먼저 불에 달군 후 미역, 마늘 다진 것, 참기름과 간장을 넣고 볶는다. 미역이 파랗게 볶아지면 국국물을 두어 국자 넣고 다시 볶는다. 자글자글 끓으면 다시 국국물 더 넣기를 반복하여 끓이면 된다. 잘 끓으면 불을 줄여 달인다.

만들기 ②

국국물이 끓을 때 잘라 놓은 미역을 넣고 끓인 후 간장으로 간을 맞춘다.

국국물 3컵에 국간장 1작은술, 꽃소금 1작은술을 넣으면 국의 간이 맞는다.

불려놓은 미역과 국물이 동량이면 된다. 미역을 좋아하면 미역을 더 넣어도 된다.

뭇국

준비

무는 껍질을 벗기고 2센티미터 길이로 자른 후 2밀리미터 두께, 2센티미터 사방으로 나박나박 썬다.

간장이나 소금으로 간을 하는 맑은장국일 때는 썰어 놓은 무를 끓는 물에 데쳐 놓는다.

만들기

된장국을 해도 좋고 간장·소금에 끓여도 되며, 가을에는 굴을 넣으면 향이 좋다.

참고

썰어 놓은 무 3컵에 국국물 2컵이면 적당하다.

완자탕

준비

쇠고기는 갈아 놓든가 또는 곱게 다진 것이면 된다. 파·마늘은 다져 놓고 대파는 어슷어슷 썬다. 계란, 밀가루, 후춧가루, 소금, 깨, 참기름

만들기

쇠고기 갈아 놓은 것 1컵, 소금 1/2작은술(가는 소금 또는 한주소금), 간장 1작은술.

갈아 놓은 쇠고기에 소금과 간장을 넣고 파·마늘·후춧가루·깨·참기름을 넣어 잘 치댄 후 도토리알 크기로 빚어서 밀가루를 묻히고 계란 푼 것을 씌워서 끓는 장국에 넣어 떠오르면 대파를 넣고 불을 끈다(완자에 씌웠던 계란이 남았으면 대파와 섞어 국에 넣어도 됨).

국국물 6컵에 간장 2작은술, 꽃소금 2작은술이면 간이 맞고 쇠고기 1컵을 만들면 여덟 그릇 정도가 된다.

당면쇠고깃국

준비

당면을 물에 불려 놓는다. 다른 것은 완자탕과 같다.

만들기

완자탕을 만들려면 손에 냄새가 배고 번거롭기 때문에 약간 편하게 하고 또 조금 부드러운 맛이 있게 하기 위한 것인데, 쇠고기 갈아 놓은 것에 위의 양념을 하고 계란과 불려서 7센티미터 길이로 썬 당면을 넣고 부르르 끓어 당면이 말갛게 익으면 어슷어슷하게 썬 대파를 넣고 불을 끈다.

국물이 3컵이면 불린 당면 1컵이 적당하다.

계란탕

준비

쇠고기는 다져 놓는다. 표고버섯은 미지근한 물에 불려 놓는다. 파는 길쭉하게 썰어 놓는다.

만들기

다져 놓은 고기 1/4컵에 참기름 1작은술과 다진 마늘 1작은술을 넣고 볶다가 버섯을 넣고 물을 넣어 끓여서, 썰어 놓은 파 1/4컵을 넣고 계란 한 개에 참기름과 소금 각 1/2작은술을 넣어 잘 섞은 후 끓는 국에 부으면 부풋하게 익는다.

국국물 3컵이면 4대접이 된다.

토란국

준비

토란, 쇠고기, 다시마, 파, 마늘, 참기름, 후춧가루

만들기

쌀뜨물에 소금을 약간 넣어 냄비에 끓인다.

토란을 칼로 껍질을 벗기고 크면 2등분하고 작으면 통째로 끓고 있는 쌀뜨물에 넣어 삶아 낸다(2컵 정도).

양지머리(200그램 정도)는 물에 담가 핏물을 빼고 삶는다. 고기가 거의 다 익었을 때 다시마를 젖은 행주로 닦아 넣고 한 번 더 끓으면 고기와 다시마를 건져 낸다.

건져 낸 고기와 다시마는 나박나박 썰고, 삶아 낸 토란과 함께 양념장에 무친 후 다시 국에 넣어 한 번 끓인다. 국을 먹어 보아 싱거우면 소금으로 간을 맞춘다.

양념장:

국간장 2큰술, 다진 파 1큰술, 다진 마늘 1작은술, 참기름 1작은술, 후춧가루 약간.

참고

토란 껍질을 벗길 때 손이 잘 가려울 수가 있다. 껍질을 깐 토란은 오래 두면 미끈거리니까 껍질을 벗긴 직후 삶아 내도록. 고기는 채 썰어 양념하여 볶아 써도 좋다.

곰탕

준비

사태(shank), 양지머리(brisket) 또는 꼬리, 치맛살 비슷한 것(flank steak)은 좋은데 좀 비싼 게 흠이지. 무는 껍질을 벗기고 크게 토막을 낸다.

만들기

고기 600그램에 물 10컵을 넣어 삶다가 거품이 나면 거품은 국자로 떠서 버리고 고기가 익었는지 본다.

꼬챙이로 찔러 보아 핏물이 안 나오면 그 때에 크게 토막낸 무 4~5토막을 넣고 잘 무를 때까지 끓인다. 무와 고기를 꺼내서 무는 썰고 고기는 썰든가 찢어서 조선간장 1큰술, 참기름·깨소금 각 1큰술, 다진 파 2큰술, 다진 마늘 2작은술, 후춧가루 약간을 넣고 무쳐서 다시 국물에 넣어 끓인다.

미국에서는 양지머리는 보통 2시간 삶으면 고기가 잘 무른다. 국을 끓여 국물이 6~8컵 정도면 적당하다.

북엇국

준비

북어는 손가락 두 마디 정도로 뜯어 물에 씻어 놓는다. 파는 북어와 같은 크기로 썰어 놓는다. 계란을 풀어 놓는다.

만들기

국국물 2컵에 간을 맞춰 끓을 때 풀어 놓은 계란 1개에 찢어 놓은 북어와 파를 넣고 수저로 똑똑 떠 넣은 다음 끓으면 고춧가루나 후춧가루를 넣어 먹는다.

참기름과 마늘, 찢은 북어 1컵에 파채 1/2컵을 넣어 볶다가 물을 넣어 끓이기도 하는데 그렇게 하니까 북어가 좀 질기더라. 매운 것이 좋을 때는 (씻지 않고) 뜯어 놓은 북어에 고추장과 참기름을 넣고 무쳐서 잠시 재어 놓았다가 끓는 장국에 재어 놓은 북어를 수저로 똑똑 떠 넣고 끓어 오르면 계란 풀어 놓은 데에 파를 넣고 그것을 국에 넣은 후 불을 끈다.

육개장

준비

양지머리, 잡뼈, 마늘, 고추장, 고춧가루, 후추, 참기름, 밀가루, 간장, 소금, 파는 7센티미터 정도의 길이로 잘라 놓는다.

만들기

잡뼈와 양지머리 각 1파운드에 통마늘 5쪽 정도와 양파 큰 것 1개를 넣고 고기가 푹 무를 때까지 끓인다. 끓을 때 거품을 건져 버린다 (처음에는 센 불에 끓이고 끓기 시작하면 중불로 줄인다).

고기가 익었으면 생강 저민 것 5쪽을 넣어 한번 더 끓인다. 고기가 다 익으면 건져서 5센티미터 정도로 죽죽 찢어 놓는다.

고기는 꺼내고 끓는 국물에 잘라 놓은 파를 데쳐 내어 찢어 놓은 고기와 함께 섞어서 파 · 마늘 · 고추장 · 간장 · 소금 · 고춧가루 · 후추 · 참기름을 넣어 무친다. 무친 고기에 밀가루 1큰술을 솔솔 뿌려서 다시 끓는 국물에 넣고 끓으면 계란을 풀어 국에 얹고 뚜껑을 닫고 조금 있다가 대접에 담는다.

고기양념은 찢은 고기 1컵, 데친 파 1/2컵, 고추장 1큰술, 국간장 1작은술, 고추기름 1큰술, 깨소금 1큰술, 다진 마늘 1/2큰술, 후추 약간을 넣는다.

고추기름은 냄비를 약한 불에 얹어 뜨거워지면 참기름 2큰술과 고춧가루 1큰술을 넣고 계속 저어 기름이 발그레해질 때까지 볶는다.

참고

고사리 삶은 것 또는 토란대 삶은 것과 콩나물을 거두절미해서 넣고 느타리버섯이 있으면 데쳐서 찢어 넣어도 좋고.

된장국

콩나물국

준비

콩나물은 꼬리를 딴다.

만들기

국국물 1컵에 된장 1큰술을 풀어 간을 맞춘 후 콩나물을 넣고 끓이는데 콩나물 익은 냄새가 나면 뚜껑을 열어 한 번 젓는다. 콩나물이 익기 전에 뚜껑을 열면 콩나물 비린내가 난다고 하지만 된장국은 상관없는 것 같더라.

콩나물 소금국에 빨간 고추를 넣고 끓여도 얼큰하고 시원해서 좋더구나.

참고

국물 3컵에 건더기 1컵이면 적당하다(데친 배추 또는 시래기 등).

시금칫국

준비

시금치는 다듬어서 짤막하게 잘라 씻어 데쳐 놓는다.

만들기

국국물에 된장을 풀고 데쳐 놓은 시금치를 넣어 끓인다. 조갯살을 넣으면 더욱 맛이 있다.

참고

콩나물을 함께 넣어도 좋다. 국물이 3컵이면 데친 시금치 1컵을 넣는다.

배춧국

만들기

배추는 손으로 쭉쭉 찢어서 국국물에 된장을 풀고 끓을 때 찢은 배추를 넣고 푹 끓인다. 배추는 끓이면 너무나 부피가 줄어드니까 이렇게 많은 건더기를 어쩌나 할 정도로 많이 넣어야 한다. 국물의 3배 정도를 넣으면 분량이 맞는다.

국국물은 멸칫국물과 고기국물을 반씩 섞어 넣으면 맛이 있다. 국국물은 국물 3컵에 집간장(조선간장) 1작은술과 꽃소금 1작은술을 넣으면 간이 맞는다.

털레기

준비

국국물이나 멸칫국물을 준비한다(나는 멸칫국물이 더 맛이 좋더라). 김치를 송송 썰어 놓는다(먹다 남은 김치가 있으면 이용하는 것이 좋고). 마른 국수나 혹시 떡국떡 남아 도는 게 있으면 넣어도 된다.

만들기

국국물 2컵에 썰어 놓은 김치 1/2컵을 넣고 끓을 때 마른 국수 1묶음을 넣고 국수가 다 익으면 퍼서 먹으면 된다. 국수가 끓을 때 떡국떡이나 떡볶이떡을 넣어도 괜찮다.

김치에 양념이 다 되어 있기 때문에 다른 건 특별히 더 안 넣어도 맛이 있단다. 미국에서는 스팸 같은 것을 넣어도 과소비가 안 되겠지? 이 재미있는 이름의 음식은 충청도식이라고 하더라.

점심에 해먹을 것이 마땅치 않을 때, 또는 칼칼한 게 먹고 싶을 때 톡톡히 한몫하는 메뉴란다. 국물을 많이 넣어야 국수 같다. 아니면 죽 같아지지(윤정 엄마가 잘 하는 거다).

3 찌개

옛날에는 국하고 찌개를 함께 반상에 올렸다고 하는데, 지금도 칠첩 반상이니 오첩 반상이니 하고 반상기에 격식 갖추어 식사하는 집에서는 국하고 찌개를 꼭 같이 놓더라. 하지만 나는 국이나 찌개 중 한 가지만 놓지. 두 가지를 다 하면 남은 음식이 너무나 많아져서 여자 혼자 집에서 점심 먹을 때만 가지고는 다 해결을 못하거든.

찌개는 보통 국보다는 약간 간을 세게 하는데 나는 간도 슴슴하게 하고 건더기를 많이 넣지. 찌개를 할 때는 구이 또는 조림을 하게 되는데 반찬이 너무 없는 것 같아 나물이라도 한 가지 더 해 놓으면 너희 아버님께서 음식 과소비라고 하시지. 그렇게 습관이 되어서인지는 몰라도 찌개를 할 때에는 국물을 자작하게 부어야 맛이 좋은 것 같더라.

두부찌개

준비

국국물을 준비한다.

양파는 2센티미터 사방으로 썰어 놓는다. 고추는 씨를 털고 양파보다 약간 작게 썰어 놓는다.

버섯이 있으면 좋고, 호박이나 감자가 있으면 양파와 같은 크기로 썰어 놓는다.

고기는 송송 썰어 놓는다. 두부는 양파와 비슷하게 썰고, 파는 어슷어슷 썬다.

만들기

냄비를 불에 얹어 약간 뜨거워지면 기름을 두르고 고기 1/2컵과 마늘을 넣고 볶는다.

고기가 다 볶아진 후에 된장 2큰술을 넣고 더 볶으면서 양파 1/3컵과 고추 1/4컵을 넣고 국국물 2컵을 부어 끓을 때 거품을 걷어내고 다른 재료도 더 넣고 싶으면 넣어도 좋다.

밥상 놓기 전에 두부 1/2컵을 넣고 두부가 끓으면 파를 넣고 뚜껑을 닫는다. 건더기를 좋아하면 많이 넣고. 어떤 이들은 들쩍지근한 게 싫다고 양파를 안 넣기도 하는데 난 넣은 게 좋아서 넣곤 하지. 식성에 맞춰서 하면 된다.

찌개는 약한 불에서 오래 끓여야 맛이 좋더라. 처음에 간을 꼭 맞게 하면 짜지기가 쉬우니까 좀 싱겁게 하는 게 좋고. 고기는 다 볶아진 후에 된장을 넣는 게 맛이 더 좋더라. 미국에서는 채소를 덜 먹게 되니까 찌개에 건더기를 좀 많이 넣는 게 좋겠지.

두부젓국찌개

준비

쇠고기 또는 돼지고기, 두부, 새우젓, 고춧가루, 파, 마늘, 생강, 참기름, 간장, 후춧가루

만들기

쇠고기를 가늘게 채로 썰어 1컵을 준비하여 양념을 한다.

고기 양념:

간장 1큰술, 설탕 1작은술, 다진 파 1큰술, 다진 마늘 1작은술, 참기름 1큰술, 후춧가루 약간.

양념한 고기를 볶다가 물 2컵을 넣어 끓인다.

국물이 펄펄 끓으면 새우젓 3큰술로 간을 맞춰 더 끓인 후 가로 세로 각각 2·3센티미터, 두께 1센티미터로 썬 두부 2컵을 넣어 더 끓이다가 고춧가루 1큰술을 넣어 끓인다.

상에 내기 전에 대파를 어슷어슷하게 썰어 넣고 불을 끈 후 파가 숨이 죽으면 그릇에 담아 낸다.

참고

물은 쌀뜨물을 넣으면 구수하고 맛이 있고 멸칫국물을 넣으면 더 맛이 있단다.

돼지고기로 해도 좋은데 이때는 돼지고기 양념에 생강즙을 넣으면 누린내가 안 나고 양념할 때 고추장을 넣어도 얼큰해서 좋지.

동태찌개

준비

미국에선 냉동 생선만 구할 수 있을 테니 동태를 사다가 반드시 찬물에 담가 얼음을 빼도록. 더운 물에 담그면 맛도 없고 살이 물러져서 덜 좋다.

무는 나박나박 썰고, 파는 어슷어슷 썬다. 고기가 있으면 넣어도 되고.

만들기

참기름 1큰술, 고춧가루 2작은술, 다진 마늘 1작은술, 저민 생강 3~4쪽과, 무 1컵을 넣고 볶다가 고깃국물 3컵을 넣고 끓인다.

고추장 1큰술과 소금 1작은술을 넣어 국물맛을 낸 후 무가 거의 익었을 때 토막낸 동태 3컵을 넣고 끓인다.

동태가 다 익으면 파를 넣고 뚜껑을 닫고 불을 끈다. 쑥갓이 있으면 넣어도 좋고 두부를 넣어도 좋더라.

국물에 고추장만 넣으면 국물이 텁텁하니까 고춧가루를 약간 넣으면 개운한 맛이 나지.

소금 대신 국간장을 넣어도 되는데 색깔이 예쁘지 않은 게 흠이고.

고기는 처음부터 넣도록.

매운탕

준비

메기(cat fish)나 도미(red snapper), 조기(king fish)도 좋고, 대구(cod), 농어도 좋고, 냉동이 아닌 것이면 더욱 좋고, 냉동 대구살(덩어리)도 좋더라.

만들기

동태찌개 만드는 방법과 같은데 냉동 아닌 것으로 할 때는 생강을 저며서 넣으면 비린내가 안 나지.

국물에 다데기를 넣으면 맛이 있긴 한데 냄새가 나니까 푹 끓여야 한다.

다데기 만들기

다진 마늘 1큰술, 고춧가루 2큰술, 참기름 1큰술, 간장 1큰술, 다진 풋고추 2큰술을 되직하게 섞는다.

생선전찌개

준비

생선포를 떠서 소금과 후추를 뿌려 잠시 두었다가 밀가루를 바르고 계란 푼 물에 적셔 프라이팬에 지진다(생선전 12~15조각).

이 찌개를 하기 위해 일부러 생선전을 하는 건 좀 일이 많은 것 같고, 손님 치르고 난 다음 날 혹시 남은 저냐들이 있으면 데워서 먹는 것보다 조금은 색다르고, 찌꺼기 먹는다는 생각이 안 들어서 괜찮은 것 같더라.

만들기

고기전이나 생선전이 많으면 멸칫국물이 좋고, 전이 적으면 고깃국물이 좋다. 신선로 같은 맛을 원하면 간을 간장으로 하고, 매콤한 게 좋으면 고추장과 고춧가루·소금으로 간을 맞추도록 해라.

상 위에서 바로 해먹으려면 먼저 냄비에 고기 썬 것 1/2컵과 무 나박나박 썬 것 1/2컵을 마늘 1작은술·실고추·소금 또는 간장으로 버무려 밑에 깔고 버섯 3장 정도, 당근 1/3개, 배추 2~3장, 양파 중간 크기 1개를 넣고 국물 3컵을 넣어 끓인 후 저냐를 넣어 한 번 더 끓여 앞그릇에 담아 먹는다.

명란젓찌개

준비

고기를 썰어 놓는다. 명란젓을 크면 5토막, 작으면 3토막 정도로 썰고 파는 어슷하게 썰어 놓는다.

만들기

고기 1/2컵에 참기름 1큰술을 두르고 볶는다.

다 볶아지면 물이나 국국물 1컵을 넣어 끓으면 토막낸 알젓을 넣어 끓인다.

어느 정도 끓었을 때 간을 보아 싱거우면 새우젓국을 넣어 간을 맞춘다.

두부를 1센티미터 사방으로 썰어서 1컵을 넣고 두부가 다 끓으면 파를 넣어 불을 끈 후 상에 낸다.

작은 뚝배기에 명란 두 쪽이면 적당하지. 명란이 비싸니까 일부러 사다가 해먹긴 좀 과하고, 있던 게 너무 비리다든가 아껴 먹다 보니 오래돼서 맛이 변하기 직전이라든가 해서 그냥 먹기가 안 좋을 때 해먹을 만하지.

순두부찌개

준비

순두부, 고기, 김치, 조갯살, 새우젓, 고추기름, 파, 마늘

만들기

고기와 김치를 송송 썰고 조갯살은 깨끗이 씻어 조리에 건져 놓는다.

프라이팬을 약한 불 위에 얹어 따뜻해지면 식용유 3~4큰술을 넣고 거기에 고춧가루 1큰술을 넣어 볶으면 기름이 빨갛게 된다(고추기름). 이것을 체에 밭여 둔다.

고기 1/2컵에 참기름 1작은술, 마늘 1작은술과 후추를 넣고 김치를 넣어 볶다가 물이나 고깃국물 2컵을 넣어 끓인다.

고기가 익었으면 순두부 3컵을 넣고 더 끓인 후 조갯살 1/3컵을 넣는다.

조갯살이 오그라들었으면 새우젓 1큰술로 간을 맞춘 다음 고추기름을 넣고 한 소큼 더 끓인 후 파를 어슷어슷하게 썰어 순두부 위에 얹고 뚜껑을 덮고 불을 끈다.

참고

모시조개를 위에 얹어 한 번 끓여 조개가 입을 벌리면 다 익은 것이고, 새우살을 넣어도 맛이 있지(달다). 조갯국물을 넣으면 시원한 맛이 있단다.

두부 만드는 법

집에서 두부를 만들려면 우선 메주콩 2컵을 물 5~6컵에 넣어 6~8시간 담가 불린 후 불린 콩에 물 16컵 정도 되게 넣어 분쇄기(블렌더)에 넣어 곱게 간다. 이것을 냄비에 넣고 끓인다.

끓어서 거품이 올라오면 찬물을 조금 붓고 한 번 더 끓여 거품이 올라오면 불을 끈 다음 이 물을 자루에 넣어 짠다.

짜진 콩물에 가루 간수 1큰술에 물 1/4컵을 섞어 이 물을 끓인 콩물에 주걱으로 서서히 저으며 붓는다. 콩물이 멍울멍울해지면서 물은 말갛게 되어 순두부가 된다.

약한 불 위에 잠시 두어 두부가 조금 더 굳어진 다음 양념장을 얹어 먹기도 하고 두부만 구멍 뚫린 국자로 떠서 위와 같이 순두부찌개를 만들기도 한다.

참고

뜨거운 콩물에 짜기가 어려울 때는 차가울 때 짜서 끓여 그 끓는 물에 간수를 부으면 되는데, 그렇게 하려면 반드시 냄비의 불을 끈 후에 간수를 넣을 것. 찬 콩물을 짜면 두부가 덜 나온다고 하는데, 두부 한 조각 덜 먹지 뜨거운 물 짜기는 되게 힘들더라.

콩물 끓일 냄비는 많이 넘치니까 큰 것으로 해야지 작은 냄비에 끓이면 너무나 급하지. 조금 쉽게 끓이려면 냄비에 물을 6컵쯤 부어 끓이고 콩물은 10컵만 만들어서 끓는 물에 부으면서 끓이면

빠르더라.
간수는 식품점에서 파는데, 액체로 된 것을 쓰려면 불린 콩 3컵에 1.5큰술을 쓰면 되고. 미국에서는 사리염(瀉利鹽, epsom salt)이라고 약 파는 데 가면 있는데, 하얀 가루니까 반드시 물에 녹여서 쓰도록.
두부가 좋다, 나쁘다 서로 이야기하는데 일본 사람들, 중국 사람들은 두부 많이 먹어도 괜찮은 것을 보면 뭐가 뭔지 모르겠더라.

비지찌개

준비

콩, 돼지고기, 김치, 마늘, 생강, 양념장

만들기

메주콩 1컵에 물 3컵 정도를 붓고 5~6시간쯤 두면 콩이 2컵 정도가 된다.
돼지고기는 기름이 있는 쪽이 더 부드럽고 맛이 있지만 아무튼 목살이나 안심이나 무슨 부위든 300그램 정도에 간장 2큰술과 마늘·생강 다진 것 각 1작은술, 후춧가루 1/2작은술을 넣어 잘 섞어 놓는다.
김치는 송송 썰어(1컵 정도) 돼지고기와 함께 볶다가 1.5컵의 국물을 넣고 끓인다.
끓기 시작하면 불려 놓았던 콩에 물 2컵을 넣고 블렌더에 잘 갈아 끓고 있는 돼지고기 볶는 데다 붓고 절대 젓지 말고 끓인다.
어느 정도 달여져서 콩이 다 익었으면 고기와 김치를 한데 섞어서 푸고 양념장을 곁들여 낸다.
양념장에는 간장 2큰술, 다진 파 2큰술, 다진 마늘 1작은술, 참기름 1큰술, 깨소금 1큰술, 고춧가루 1큰술을 넣는다. 식성에 따라 풋고추를 넣어도 좋다.

참고

돼지갈비를 넣어도 되고 돼지 잡뼈를 넣어도 된다. 갈비나 잡뼈를 넣으려면 뼈에 양념을 해서 김치와 함께 볶다가 물을 붓고 끓여 고기가 반쯤 익고 물이 약간 졸아든 후에 비지 갈아 놓은 것을 넣으면 된다.
돼지고기나 돼지갈비·잡뼈의 양념을 새우젓국으로 하면 칼칼하고 맛이 있다.
콩을 부드럽게 가는 것이 더 좋더라. 조금 덜 갈면 비지가 깔깔하다.

김치찌개

준비

김치, 고기(돼지고기 또는 쇠고기)나 참치 캔, 마늘, 생강, 식용유

만들기

불 위에 냄비를 얹어 냄비가 더워지면 기름을 두르고 마늘과 생강을 볶다가 고기를 넣고 고기가 반쯤 익으면 간장(고기 200그램에 간장 1큰술)을 넣고 더 볶은 후 김치를 넣고 저은 다음 국국물이나 멸칫국물을 넣고 끓인다.

참고

김치가 시었거나 맛이 없으면 돼지고기를 돼지불고기 양념장에 재어 볶다가 씻은 김치를 넣고 볶은 후 국국물을 넣어 끓인다.

참치 캔을 넣으려면 김치에 식용유를 넣어 볶은 후 참치 캔의 국물을 따라 내고 함께 섞어 볶은 후 국물을 부어 끓인다.

우리 집에서는 김치찌개가 끓을 때 감자를 썰어서 넣는데 거기 들어간 감자가 맛이 있다. 당면도 물에 불렸다가 김치찌개가 거의 다 끓었을 때 넣어 익으면 먹지.

김치찌개는 김치가 맛이 좋아야 맛이 있다. 깍두기로도 찌개를 하면 맛이 있는데, 깍두기는 기름에 볶다가 멸치를 한 움큼 넣고 끓이는 것이 더 맛이 좋더라. 김치가 맛이 없어서 돼지불고기 양념장을 쓸 때에는 고추장을 조금 넉넉히 넣는 것이 좋다.

냄비 밑에 찢은 북어를 깔고 찌개를 끓이면 구수하다.

시래기찌개

준비

배추시래기, 멸칫가루, 된장, 풋고추, 버섯, 마늘

만들기

얼갈이 배추를 데쳐서 찬물에 헹궈 놓은 후 꼭 짜서 시래기 5컵에 멸칫가루 1큰술과 된장 2큰술 반, 풋고추 5개 정도, 불려 놓은 버섯 2~3개는 썰어서 넣고 다진 마늘 반큰술, 식용유 1큰술을 넣어 잘 주무른 후 뚝배기에 넣어 볶다가 국국물 1컵을 넣고 약한 불에서 3~4시간 조린다.

국물이 거의 졸아들면 참기름을 몇 방울 떨어뜨린다. 달래가 있어서 넣으면 좋고, 부추를 넣어도 구수하고 맛이 있다.

참고

고기가 있으면 넣어도 좋은데, 살보다는 고깃간에서 "이건 기름 아니에요." 하는 고기가 더 맛이 있다(거느레기?).

꽃게 매운탕

준비

꽃게, 고기, 두부, 계란, 무, 느타리, 풋고추, 풋마늘, 쑥갓, 미나리, 밀가루, 된장, 고추장

양념:

파, 마늘, 생강, 고춧가루, 참기름, 깨소금, 설탕, 후춧가루

만들기

꽃게는 솔로 박박 문질러 잘 씻은 후 게딱지와 등에 있는 아가미는 떼어 낸다. 게딱지 속에 있는 알을 다 꺼내고 등을 반으로 잘라 꼭 눌러 짜 살을 모두 꺼내 알과 함께 쇠조리에 밭여 둔다.

집게다리는 칼등으로 쳐서 따로 두고 살을 꺼낸 등딱지와 작은 다리는 끓여 국물을 밭여 둔다.

고기는 채로 썰어 1/4컵을 준비해 두고 느타리버섯이 있으면 잘라(1/4컵) 끓는 소금물에 데쳐 낸 후 먹기 좋은 길이로 잘라 죽죽 찢어 놓는다.

무는 가로 2센티미터, 세로 3센티미터, 두께 5밀리미터 정도로 썰어 1/2컵이면 고춧가루 1/2작은술을 넣어 버무려 둔다.

풋고추는 씨를 빼고 어슷어슷 썰고 풋마늘도 어슷어슷 썰어 놓는다. 미나리는 6~7센티미터로 썰어 놓는다(1컵). 쑥갓은 다듬어 씻어 놓는다.

냄비를 불 위에 얹어 뜨거워지면 참기름 1큰술과 다진 마늘 1큰술을 넣고 볶다가 고기와 느타리, 고춧가루에 버무려 둔 무를 넣어 볶고 거기에 준비해 둔 게다리 끓여 놓은 국물과 고깃국물(없으면 쌀뜨물)을 붓고 된장과 고추장을 넣어 끓인다(국물이 2컵일 때 된장 1큰술과 고추장 1/2큰술).

고기는 살을 곱게 다져 양념한다.

고기 1/4컵일 때:

간장 1작은술, 설탕 1/4작은술, 다진 파 1큰술, 다진 마늘 1/2작은술, 참기름 1/2작은술, 깨소금 1작은술, 후춧가루 약간.

으깬 두부 1/4컵을 소금 1/4작은술과 참기름 1/2작은술로 무쳐 놓는다.

쇠조리에 밭여 둔 게살(1/2컵일 때)에 생강즙 1/2작은술, 소금 1/2작은술을 넣고 준비해 둔 고기와 두부를 섞은 후 계란 1개를 넣어 잘 섞는다.

게딱지에 밀가루를 뿌리고 준비해 둔 속을 넣는다. 게딱지에 넣고 남은 속은 프라이팬에 기름을 두르고 한 숟가락씩 떠서 지진다.

끓고 있는 국물에 속 넣은 게딱지를 넣고 끓이다가 지진 게살도 넣고 끓인다. 이때 풋마늘과 미나리도 넣는다. 상에 낼 때는 쑥갓을 얹고.

맛살찌개

참고

꽃게는 될 수 있으면 살아 있는 것이 좋고 들어 보아 무거워야 한다. 배쪽에 둥근 딱지가 있는 것은 암게고 긴 딱지가 있는 것은 수게다.

느타리나 미나리 등이 없으면 넣지 않아도 되고 애호박을 넣어도 맛이 있더라.

준비

맛살, 고추장, 참기름, 파, 마늘, 생강즙, 깨소금, 설탕, 풋고추

만들기

맛살 1킬로그램을 사다가 껍질을 까고 살을 꺼내 검정선을 뜯어 내 손질한다. 껍질이 있는 맛살 1킬로그램을 손질하면 2와 1/2컵이 된다.

그릇에 고추장, 다진 파 각 1/4컵, 참기름 2큰술, 마늘 · 생강즙 · 깨소금 · 설탕 각 1큰술을 섞어 양념장을 만들어 놓는다.

풋고추를 어슷어슷하게 썰어 양념장에 섞는다. 뚝배기 밑에 양념장을 조금 깔고 손질한 맛살을 놓고 그 위에 양념장을 뿌린다.

위의 것을 찜통에 찐 후 상에 내기 직전에 불 위에서 한 번 바르르 끓인다.

참고

물을 안 넣어도 맛살에서 물이 많이 나와 찌개같이 된다. 강인희 선생님께 배운 거다.

4 조림과 볶음

밥상이 좀 허전하다 싶어도 맛깔스런 조림 한 접시가 놓여 있으면 수저 들 맛이 나지. 여러 가지 요리를 차려 놓아도 밥 한 공기를 꼭 먹어야 하는 우리 나라 사람들에게는 조림 요리처럼 매력 있는 것도 드물 거다. 희창이는 요즘도 고집스레 밥과 멸치볶음 싸 가지고 학교에 간다지?

보기 좋고 맛있는 조림은 물론 조림장이 맛이 있어야 하고 또 중요한 것은 태우지 않고 가무스름하면서도 윤기나게 조려야 먹음직스럽지. 재료는 조림장이 끓을 때 넣어야 하고, 재료를 넣은 후 끓으면 물을 조금씩 두세 번 부어 가며 끓이다가 약한 불에서 속까지 서서히 익히고, 다 익은 다음에는 강한 불에서 재빨리 조려야 윤기가 난다.

감자조림

준비

감자는 껍질을 벗기고 깍두기처럼 썬다. 썰어 놓은 감자를 소금물에 담근다.

만들기

간장 4큰술, 설탕 2큰술, 술 1큰술, 물 1/2컵, 마늘 1/2작은술을 끓인다(장엿). 소금물에 담가 놓았던 감자 2컵을 위의 장엿이 끓어서 거품이 날 때 넣고 끓인다. 젓지 말고 그냥 끓게 두면서 가끔 냄비를 까부르고 감자가 익었나 보아 꼬챙이가 쑥 들어가면 꿀을 1큰술이 채 안 되게 넣는다. 씨를 뺀 풋고추를 감자와 비슷한 크기로 썰어 넣고 다시 한 번 까불러 장엿이 다 조려지면 후춧가루를 약간만 뿌리고 참기름을 한 방울 넣고 통깨를 뿌려 마감한다.

생선조림

준비

어떤 종류의 생선도 좋다. 그렇지만 냉동보다는 싱싱한 게 좋지. 마늘·생강 저민 것, 파는 길게 또는 어슷 썬다.

만들기 ①

생선을 잘 손질하여 식초를 1큰술 정도 넣은 물에 헹구어 물기를 없앤 후 소금을 약간 뿌려 30~40분 정도 둔다. 프라이팬을 달구어 기름을 먼저 두른 다음 기름이 뜨거울 때 생선을 앞뒤로 지져 낸다.

다른 냄비에 생선 조림장을 넣고 조림장이 끓을 때 지져 놓은 생선을 넣고 조린다. 생선을 기름에 지질 때 생강을 넣고 지지면 비린내가 덜 나지.

생선 1파운드에 간장 3큰술 정도 넣으면 간이 적당할게다(생선 조림장 만들기를 참조하는데 그 분량은 생선 1파운드 거리다).

다른 방법으로는 간장·조미술·생강 다진 것을 합친 간장물에 생선을 한 시간쯤 담가 두었다가 같은 방법으로 해도 맛이 있다.

조릴 때는 수저로 간장을 떠서 생선 위에 뿌려 가며 조려야 간이 골고루 배어서 좋다. 처음엔 뚜껑을 덮고 약한 불에서 조리고, 생선이 거의 다 익었을 때 불을 세게 해서 빨리 조리면 윤기가 나고 맛이 있어 보인다.

무를 밑에 깔고 지져도 좋은데, 무를 깔 때엔 간장을 조금 더 넣도록. 시래기가 있으면 밑에 깔아도 좋단다.

만들기 ②(일본식)

준비

생선(도미 또는 삼치), 간장, 정종, 조미술, 국국물, 설탕, 마늘, 생강, 마른 고추, 또는 고추장

도미를 비늘을 긁어 내고 아가미를 꺼낸 후 지느러미 등을 가위로 잘라 내고 2~3

토막으로 자른다.
도미가 중간 크기일 때 국국물(멸칫국물)과 청주를 각 1/4컵씩 생선 조릴 냄비에 붓고 끓을 때 준비해 둔 생선을 넣어 끓인다.
다른 그릇에 조림장을 만든다(간장 6큰술, 조미술 4큰술, 설탕 3큰술, 마른 고추 2~3개, 마늘 3~4톨을 저며 넣고 생강도 마늘과 같은 양만큼 저민 후 끓인다). 생선이 끓고 있을 때 만든 조림장을 부어 조린다.
처음에는 뚜껑을 닫고 끓이다가 생선이 거의 익었으면 냄비 뚜껑을 열고 조림장을 생선 위에 부어가며 간장이 생선에 자작할 정도까지 조린다.

참고
삼치를 쓸 경우에는 간장 4큰술에 고추장 2큰술이면 적당하고 이때에는 마른 고추를 넣지 않아도 된다. 조미술이 없을 경우에는 대신 식초를 1큰술 넣어도 된다.
멸칫국물은 찬물 8컵에 멸치 1컵을 넣고 다시마 손바닥만 한 것과 마른 표고버섯을 넣어 2~3시간 담갔다가 끓여 식히면 된다. 멸치를 끓일 때는 냄비 뚜껑을 연 채로 끓인다.
삼치를 조릴 때는 냄비 밑에 무 또는 무 시래기를 깔면 좋고 도미를 조릴 때는 우엉과 당근 서너 개를 크게 썰어 넣고 조리니 맛이 있더라.

김조림 · 김무침

준비
김을 잘못 두어 벌겋게 된 건 물에 담가 티를 고르고 잘 씻어 둔다. 그냥 무쳐 먹을 김은 굽지 말고 잘게 잘라 놓는다.

만들기

조림

조림장: 간장 3큰술, 설탕 3큰술, 고추장 1큰술, 술 1큰술, 참기름 1큰술.
색이 변한 김을 씻어서 체에 잘 밭여 물기를 뺀 후 위의 조림장이 끓기 시작하면 넣어서 조린다. 타지 않게 가끔 저어야 하지.
위의 조림장의 분량은 50장 정도의 분량이다. 40분 정도 시간이 걸리긴 하지만 오래 두어도 상하지 않고 좋더라.

무침

양념장(김 10장 정도): 간장 1큰술, 설탕 1.5큰술, 참기름 1.5큰술, 고추장 1작은술.
양념장을 잘 섞이게 한 번

끓여 식힌 후 그냥 잘라 놓은 김을 넣고 무친다. 김이 젖게 무쳐질 정도면 되지.

두부조림

준비

두부를 5센티미터, 3센티미터, 두께 1센티미터 정도 되게 자른 후 소금을 약간 뿌려 둔다.

만들기

두부를 앞뒤로 노릇노릇 지진 후에 그냥 그 프라이팬에 양념장을 넣어 조려도 되고 양념장을 따로 만들어 냄비에 조려도 되는데, 냄비에 조리면 약간 부드럽고 프라이팬에 그냥 지지면 쫄깃하지.

지진 두부를 가운데 칼집을 넣어 양념한 고기를 넣어 조려도 맛이 좋긴 하지만 번거롭지. 요리를 했다 싶게 하려면 그렇게 해도 좋고.

양념장(두부 1모 분량):

간장 2큰술, 설탕 1작은술, 고춧가루 1작은술, 참기름 1큰술, 마늘 다진 것 1/2작은술, 파는 다진 것보다 길게 써는 게 좋더라(나는 설탕을 안 넣는다).

프라이팬에 할 때는 위의 양념장 그대로 하면 되고, 냄비에 할 때는 위의 양념장에 국국물을 3큰술쯤 부어 끓이지.

두부튀김조림

준비

두부 1모를 사방 1.5센티미터 정도로 썰어서 소금을 약간만 뿌려 놓는다.
녹말가루 · 계란은 풀어 놓는다. 튀김기름 약간.

만들기

썰어서 소금을 뿌려 놓았던 두부에 녹말가루를 묻히고 계란을 씌워서 기름에 튀긴다(기름이 너무 뜨거우면 타서 안 좋다).
튀긴 두부를 장엿에 조린다. 장엿은 간장 · 설탕 · 술 · 고추장 각 1큰술(고추장이 없을 때는 간장을 고추장 양만큼 더 넣고 고추를 넣어 매운 맛을 낸다.)
장엿이 끓을 때 튀긴 두부를 넣고 숟가락으로 젓지 말고 냄비째 까부르도록.

장조림

준비

고기는 5센티미터 정도로 토막내어 물에 잠시 담가 핏물을 뺀다.
마늘은 까놓는다. 풋고추(멕시코 고추면 2~3개)는 꼭지를 따서 씻어 놓는다.

만들기 ①

고기가 1파운드쯤 되면 물을 3~4컵 정도 끓인다. 끓는 물에 고기를 넣고 끓기 시작하면 불을 줄이고 30분쯤 더 끓인다.
꼬챙이로 찔러 보아 겨우 찔러지면(핏물이 안 나오면) 간장을 1컵쯤 붓고 끓인다. 이때 계란 삶은 것을 껍질을 까서 함께 조려도 좋다. 고추도 이때 넣는다.
고기를 찔러 보아 푹 물렀으면 까 놓은 마늘을 넣고 마늘이 익을 때까지 한 소큼 더 끓인다. 설탕을 넣기도 하지만 자기 입맛에 맞추도록. 이렇게 끓인 마늘은 냄새가 안 나지.

참고

아롱사태(shank)를 맹물에 끓이다가 꼬챙이로 찔러 보아 겨우 들어가게끔 익었으면 국물은 조금 따라 내고(국국물로 쓰든가 냉면 국물로 이용하면 맛이 있지) 간장, 샐러리 잎이나 찌꺼기, 통후추, 파잎 같은 것을 넣고 더 끓여 꼬챙이가 푹 들어가면 꺼내서 차게 한 후 썰어 편육으로 먹으면 맛이 있다.
이것을 겨자채에 넣으면 중국집에서 파는 비싼 겨자채 같이 되지. 겨자채에 넣는 고기를 만들 때는 설탕을 조금 넣는 게 좋더라.

만들기②

준비

고기(홍두깨살 또는 우둔살 1.5파운드), 간장, 설탕, 풋고추, 생강, 마늘, 메추리알 또는 계란, 참기름

만들기

고기를 3센티미터 사방,

4~5센티미터의 두께로 잘라 핏물을 뺀다.
프라이팬을 중간 불 위에 놓고 뜨거워지면 참기름 1큰술을 넣고 핏물 뺀 고기를 볶는다. 앞뒤를 볶은 후 설탕 2큰술을 넣고 더 볶다가 찬물 1컵을 넣고 중간 불에서 끓인다.
고기가 끓을 때 거품을 걷어내고 생강을 저며 두어 쪽, 마늘을 저며 5~6쪽을 넣어 끓인다. 젓가락이 들어갈 정도로 익으면 간장 1컵을 넣고 푹 끓인다. 이때 삶아서 껍질을 벗긴 계란이나 메추리알을 넣고 조린다.
고기가 죽죽 찢어질 정도로 익었으면 풋고추를 넣고 함께 조린다. 풋고추가 쪼글쪼글해지면 불에서 내리고 고기·풋고추와 간장을 따로 담아 두고 먹을 때마다 고기는 찢어 놓고 옆에 풋고추를 놓고 간장을 부어 낸다.

참고

풋고추를 파랗게 하려면 장조림 고기만 빼내고 그 간장을 끓이면서 거기에 풋고추를 수저 뒤로 꼭꼭 눌러 가며 잠깐만 조려 차게 식힌다.
고기와 간장을 따로 보관해 두어야 고기가 덜 딱딱해지고 더 짜게 되지도 않는다.
통마늘을 넣고 싶으면 고기가 거의 다 익었을 때 잠깐만 조리면 된다. 쇠고기 대신 돼지고기를 써도 맛이 있더라.
간장은 집에서 담근 재래식 간장을 1/4컵만 섞어 넣으면 맛이 더 있는데 이때는 진간장을 그만큼 덜 넣는다.
이것은 강인희 선생님께 배운 방법이지.

장찬(장똑똑이)

준비

쇠고기, 간장, 설탕, 집간장, 참기름, 마늘, 생강, 꿀, 후춧가루, 통깨

만들기

쇠고기는 가로, 세로 1센티미터의 육모꼴로 썰어 1컵을 준비한다.
냄비를 불 위에 얹어 뜨거워졌으면 참기름 1작은술을 넣고 위의 고기를 볶는다.
색이 변하면 물을 3~4큰술 정도 붓고 끓인다. 끓을 때 거품을 걷어 낸다.
젓가락을 찔러 보아 잘 들어가면 마늘 저민 것 3~4쪽, 생강 저민 것 2~3쪽, 간장 2큰술, 참기름 1작은술, 집간장 1작은술, 설탕 1큰술을 넣고 조린다. 거의 다 졸았으면 꿀을 1작은술 넣어 더 조린다.
다 됐으면 후춧가루를 조금 넣고 한 번 뒤적인 후 그릇에 담고 통깨를 뿌린다.

멸치볶음

참고

이렇게 만든 장찬은 여름 장마철에도 잘 상하지 않아 짠 반찬으로 좋지.

고기가 무른 것이 좋으면 물을 넣고 잘 익을 때까지 끓인 후 조리면 된다.

집간장이 있어서 넣으면 감칠맛이 있어서 좋고 없으면 시중에서 파는 간장을 그만큼 더 넣든지 소금을 약간만 넣든지 하면 된다.

고기 삶은 게 남았으면 쪽쪽 찢든지 다지든지 해서 위의 양념장에 조려 두고 먹어도 좋다. 이때에는 풋고추를 가늘게 채썰어 함께 볶으면 맛이 있다.

나 어렸을 적에 우리 집에서는 할아버지 상에만 올렸던 음식이다. 굉장히 먹고 싶었는데 애들에겐 한 조각도 주지를 않으셨지.

준비

멸치는 머리와 똥을 따 놓는다.

꽈리고추가 있으면 꼭지를 따고 씻어 놓는다.

만들기 ①

장엿(간장 1큰술, 설탕 1.5큰술, 조미술 1큰술)을 끓이다가 튀겨 놓은 멸치를 넣고 버무려 낸다(멸치 1컵 정도일 때).

만들기 ②

위의 장엿을 만들 때 고추장을 간장과 섞어서 쓴다. 간장 1/2큰술, 고추장 1큰술, 설탕 1큰술, 술 1큰술을 끓이다가 튀겨 놓은 멸치를 넣고 버무린다.

만들기 ③

팬을 불 위에 놓고 뜨거워지면 기름을 넉넉히 두르고 마늘과 생강을 먼저 볶다가 멸치를 넣고 볶은 후 고추를 넣고 파랗게 볶아지면 만들기 ①의 양념장을 넣고 타지 않게 재빨리 볶는다. 다 된 후에 참기름을 조금 넣는다. 접시에 담고 위에 통깨를 뿌린다.

참고

설탕을 간장보다 많이 넣는 것은 멸치가 조금 짜기 때문이지. 멸치는 머리와 똥을 따내어 쓰고, 머리는 따로 말렸다가 분쇄기에 갈아서 가루를 내어 쓰면 좋다.

콩자반

준비

검정콩, 간장, 설탕

만들기

검정콩 1컵을 잘 씻어 물 1컵을 넣고 끓인다. 10분 정도 끓이면 비린내가 안 날 정도가 되더라.

간장 4큰술, 설탕 4큰술, 검정콩 끓인 물 4큰술을 섞어서 끓이다가 삶아 놓은 콩을 넣은 후 뚜껑을 열고 중간불에 조린다. 뚜껑을 닫고 끓이면 부뚜막 닦기가 한참 일이고 콩이 멀컹해지지.

홍합조림

준비

홍합, 간장, 설탕, 술, 마늘, 생강, 참기름, 잣가루

만들기

껍질이 있는 홍합 1킬로그램을 사다가 위에 있는 털을 뜯어 내고 잘 씻어 물을 자작하게 붓고 불 위에 얹어 끓기 시작하여 입을 벌리면 살을 꺼낸다.

갈색으로 돼 있는 지저분한 것들과 남아 있는 털을 떼어 내고 씻어 손질해 둔다(생홍합 1킬로그램을 손질하면 약 1컵 반이 된다). 손질한 홍합에 후춧가루를 약간 뿌려 둔다.

냄비에 간장 3큰술, 설탕·청주(또는 조미술) 각 2큰술, 참기름 1큰술, 다진 마늘·다진 생강 각 1작은술을 넣고 불 위에 얹어 끓기 시작하면 준비해 둔 홍합을 넣고 조린다.

까맣고 윤이 나게 다 조려졌으면 접시에 담고 잣가루가 있으면 조금 뿌린다. (먼저 조리다가 거의 다 조려졌을 때 불을 세게 해서 재빨리 조려야 윤이 난다.)

참고

조미술은 청주보다 달기 때문에 조미술을 쓰려면 설탕을 약간 덜 넣는 것이 좋지. 마른 홍합을 불려 조리면 홍합초가 되는데 생홍합이 싸고 쉽게 구할 수 있고 이렇게 조리면 맛도 좋아 소개한다.

홍합 껍질에 붙어 있는 털을 먼저 떼어 내면 삶아 낸 후에 속에 털이 거의 없기 때문에 손질하기가 쉽다.

홍합 삶아 낸 물로는 미역국을 끓이면 시원하고 맛이 있단다.

양송이풋고추조림

준비

양송이, 풋고추, 간장, 설탕, 술, 깨, 후추

만들기

양송이는 잘 씻어서 크면 4등분하고 작으면 반으로 가른다. 꽈리고추는 깨끗이 씻어 둔다.

양송이 4컵에 꽈리고추 2컵이면 설탕 1큰술, 간장 3큰술, 술 2큰술을 섞어 끓여 거품이 나면 양송이를 넣고 조린다. 간장이 반쯤 줄었을 때 고추를 넣고 함께 조린다.

다 조려졌으면 불을 끄고 후추와 통깨를 뿌려 낸다.

참고

고추가 파랗게 된 것이 좋으면 고추를 나중에 넣고, 고추가 바짝 조려진 것이 좋으면 양송이를 넣고 끓기 시작하면 곧 넣어도 된다.

수진 할아버님의 49재에 절에서 만든 음식인데 담백해서 좋더라. 절에서는 마늘을 안 넣는데 나는 간장에 마늘을 조금 넣었지. 절에서는 후추도 깨도 안 넣지, 물론.

마늘고동(종) 볶음과 조림 · 무침

준비

마늘종, 다진 쇠고기(조림에는 돼지고기), 간장, 설탕, 정종, 물, 후춧가루

만들기

볶음

마늘종을 씻어서 4센티미터 길이로 잘라 놓고(3컵), 다진 쇠고기 50그램(1/4컵)에 간장 3큰술, 청주 1큰술, 참기름 1작은술, 후춧가루 약간, 설탕 1/2큰술을 넣어 잘 섞은 후 팬에 살짝 볶아 물이 생기면 이때 씻어서 잘라 놓은 마늘종을 넣고 볶는다.

뚜껑을 열고 볶으면 색이 파랗게 되는데 덜 익은 것이 좋으면 그냥 상에 내도 되고 더 익은 것이 좋으면 물을 2큰술 정도 더 부어 익히면 된다.

조림

마늘종은 위와 같은 방법으로 하고 같은 양에 돼지고기 100그램을 마늘종과 같은 굵기와 길이로 썰어 간장 4큰술, 설탕과 정종 각 1큰술, 다진 생강 1작은술, 후춧가루 약간을 넣어 잘 섞이게 한 후 볶다가 위의 마늘종을 넣고 뚜껑을 덮고 조리다가 물을 4큰술 정도 더 부어 가며 조리면 쫀득하게 된다.

국물 많은 것이 싫으면 다 익은 후 센 불에 재빨리 볶으면 된다.

무침

4센티미터 정도로 자른 마늘종을 길이로 반을 가른 후(2컵) 볶은 소금 1작은술, 식초 3작은술, 설탕과 고춧가루 각 5작은술, 깨소금 1큰술을 넣어 잘 섞은 후 마늘종을 넣어 무친다.

5 찜

찜은 재료를 양념하여 그릇에 담아 찜통에 찌는 것인데, 여기에 쓴 찜은 조림에 가까운 것이나 보통 닭찜이니 갈비찜이니 하고 부르니까 그렇게 썼다. 계란찜은 글자 그대로 찜이고, 찜 종류도 이런 게 있다고 쓴 거야. 육류를 주재료로 하는 찜들은 양념맛과 주재료의 맛이 흠뻑 어우러져 단시간에 해내는 요리들과는 또 다른 풍미가 있지만, 그만큼 시간과 잔손질이 가게 된다. 그 대신 상에 내면 무게 깨나 잡을 수 있지.

닭강정

준비

닭의 날개봉이나 넓적다리(drum stick), 튜립(날개 끝을 뒤집어 놓은 것인데 미국에선 잘 구할 수 없을 것이다.)

통닭을 사면 자그마하게 토막을 쳐 놓는다.

닭 2파운드 정도에 간장 1큰술, 다진 마늘·생강 각 1작은술, 소금·후추·술 약간으로 밑간을 해 둔다.

만들기

준비해 놓은 닭을 기름에 튀겨 낸다. 튀기는 게 번거로우면 지져도 되는데, 닭살은 연해서 조릴 때 잘 흐트러지니까 기름이 아주 뜨거워졌을 때 지지도록.

앞에 닭강정 할 때의 조림장이 있으니까 그 조림장을 만들어 끓이다가 튀겨 놓은 닭을 조리는데 물을 조금 붓고 조려야 될 거다.

딱딱한 게 좋으면 튀길 때 바싹 튀겨 속까지 익게 하고, 연한 게 좋으면 조림장에 오래 안 조리고 코팅하는 정도로 조리면 되지. 다 조린 후 윤기가 돌게 하려면 튀기기 전에 닭에 녹말가루를 뿌려 놓았다가 튀기면 되지.

일본식 닭조림 (데리야키)

준비

닭을 먹기 좋은 크기로 토막을 쳐서 잘 씻어 놓는다.

만들기

양념 소스:

간장 1/2컵, 설탕 6큰술, 술 6큰술, 마늘 저민 것, 생강 저민 것 각각 3~4쪽.

위의 것을 합쳐 끓여 놓는다. 닭을 냄비에 담고 양념 소스를 자작하게 부어 조려 낸다.

냉동된 닭을 조리할 때는 물을 안 넣어도 되고 마이크로 오븐에 20~30분 익힌 후 약한 불에서 조리면 편리한데 전기값이 많이 드는 게 흠이지.

위에 준비된 간장이면 닭 3파운드 분량이 되는데, 간장은 만들어 놓고 쓰면 편하겠지.

양념닭

준비

닭은 날개봉이나 다리 또는 넓적다리로 준비한다. 양파는 다져 놓는다.

닭 2파운드일 때 양념은 간장 6큰술, 고추장 1큰술, 설탕 5큰술, 토마토 케첩 2큰술, 식초 2큰술, 핫소스 1작은술, 양파 다진 것 1/2컵, 마늘 다진 것 1작은술, 생강 다진 것 1큰술.

꿀을 넣고 싶으면 설탕을 빼고 그것만큼 꿀을 넣으면 되는데, 몽땅 꿀을 넣는 것보다는 설탕을 반쯤 섞는 게 좋을 거다. 서울서 파는 양념통닭이라는 것과 비슷한 거다.

만들기

닭은 넓적다리일 경우 옆으로 칼집을 낸 후 간장·후추, 마늘 다진 것, 생강 다진 것을 넣어 재어 놓았다가 앞뒤로 노릇노릇하게 지져 기름을 뺀 후 위의 양념장에 조린다.

닭마다 특성이 달라서 물을 넣어야 하는지는 모르겠고 보아 가며 물을 넣도록 해.

꼬챙이로 찔러 보아 물이 안 나오면 다 익은 것이지.

참고

아이들이 하도 맛있다고 해서 사다가 먹어 보고 나름대로 만들어 봤는데, 너희도 먹어보고 더 넣을 것이 있으면 더 넣도록 해라.

닭찜

준비

닭을 통마리로 사면 다리와 넓적다리를 자르고 가슴은 2~3토막을 내고 날개 끝부분은 잘라 낸다. 등쪽의 살이 없는 부분과 목은 끓여서 국물로 쓴다.

만들기

닭을 잘 씻은 후 프라이팬을 뜨겁게 달궈 앞뒤를 잘 지진다.

양념장(닭 1파운드 정도일 때):

간장 4큰술, 설탕 3큰술, 물엿 1큰술, 참기름 1큰술, 정종(술) 1큰술, 마늘 · 생강 각 2쪽(저민다).

위의 양념장이 끓을 때 지져 놓은 닭을 넣고 조린다. 꼬챙이로 찔러 보아 물이 나오면 덜된 것이니까 잘 익을 때까지 조린다. 물이 없으면 물을 2~3큰술씩 넣어 가며 조리면 된다.

참고

식구들이 먹을 때는 마른 고추를 2개 정도 넣으면 칼칼해서 좋다.

닭편육

준비

통닭을 사다가 가슴쪽으로 뼈를 다 뺀다(손을 안 베게 조심할 것).

살을 가지런히 하고 간장(1큰술), 후추 · 생강 · 마늘 다진 것(각 1/4작은술)을 바르고 닭 모양으로 만들어 칠면조 꿰매는 쇠꼬치나 산적꼬치 또는 이쑤시개로 아물린다.

양념장(닭 1마리 분량일 때):

간장 4큰술, 고추장 1큰술, 설탕 2큰술, 꿀 2큰술, 술 4큰술, 마늘 · 생강 저며서 각 5~6쪽.

만들기

닭을 기름 두른 팬에 넣고 앞뒤로 노릇노릇 지진다.

다 지져지면 위의 양념장을 끓이다가 지져진 닭을 넣고 조리는데, 이때 자주자주 닭에 꼬챙이로 침을 준다. 미국 닭은 꼬챙이로 찌를 때 물이 잘 안 나오니까 잘 타지. 물을 조금씩 쳐 가면서 조리도록. 꼬챙이로 찌르는 이유는 닭이 익으면 팽창해져서 껍질이 다 터지기 때문이지.

다 익은 후 식으면 편육같이 썰어 먹어도 되고 뜨거울 때 두툼하게 썰어서 조린 양념장을 뿌려 먹어도 한 끼 식사가 너끈히 된다.

30분쯤 조리면 다 익게 된다. 보통 찔러 보아 국물이 안 나오면 익은 거다.

참고

닭을 손질한 다음에는 도마와 칼을 끓는 물에 중성 세제를 타 잘 씻도록. 생닭에는 균이 있기 때문에 닭을 썰던 도마나 칼을 다른 데에 쓰면 식중독의 원인이 될 수도 있으니까.

돼지갈비강정

준비

스페어 립(spare rib)은 일이 많지만 값이 싸고, 백 립(back rib)은 조금 비싸긴 해도 좋더라(우리 나라에서는 돼지갈비를 구별 없이 팔지만 미국에선 다르지). 돼지갈비 600그램일 때 1센티미터 길이로 칼집을 낸 다음 간장 2작은술, 후추 약간, 마늘·생강 다진 것 각 1/2작은술과 함께 재어 놓는다. 양념장을 준비한다(앞에 있음).

만들기

재어 놓은 돼지갈비를 끓는 기름에 튀긴다. 튀겨 낸 갈비를 양념장에 조린다.

다 되었으면 접시에 담고 잣가루를 뿌리면 좋고 통깨를 뿌려도 좋다.

참고

시간이 있을 때 돼지갈비를 튀겨서 한 끼에 알맞은 분량으로 싸서 냉동실에 넣어 두었다가 필요할 때 쓰면 간편하게 할 수 있지.

돼지갈비찜

준비

돼지갈비, 간장, 파, 마늘, 생강, 후춧가루, 청주, 참기름, 마른 고추

만들기

돼지갈비를 5센티미터의 길이로 잘라 1센티미터 간격으로 칼집을 넣고 물에 담가 핏물을 뺀 후 물기를 걷어 낸다.

물을 냄비에 부어 끓기 시작하면 저민 생강과 마늘, 준비해 둔 돼지갈비를 넣어 끓인다.

끓기 시작해서 거품이 나면 거품을 걷어 내고 5분 정도 더 끓인 뒤 꺼내 찬물에 헹군다.

양념장을 만들어 돼지갈비를 조린다.

양념장(돼지갈비 600그램일 때):

간장 3큰술, 집간장 1큰술, 설탕 1큰술 반, 조청 또는 물엿 1큰술, 청주 2큰술, 참기름 1큰술, 다진 마늘·

중국식 돼지고기찜

생강 각 1작은술, 마른 고추 3~4개.

처음에는 강한 불에서 끓이고 거품이 나면 찬물을 1/3컵씩 부어 가며 약한 불에서 조리다가 물이 거의 없어지고 고기가 익었으면 다진 파 1큰술과 깨소금 1큰술을 넣어 뒤적인 후 불을 끈다.

참고

위와 같이 찜을 하면 고기 냄새가 나지 않고 고기가 연하며 기름도 다 빠져서 담박하다.

처음 끓일 때 우엉 한 조각을 넣으니 돼지고기 냄새가 많이 없어지더라.

준비

돼지고기는 삼겹살이 좋은데 너무 기름이 많으니까 기름이 적은 쪽을 사도록(돼지 삼겹살을 미국에서는 베이컨이라고 하더라).

간장 1/4컵, 청주 1/4컵, 물 1컵, 파뿌리(하얀 수염이 좋지), 표고버섯(물에 불린다), 마늘·생강 저며서 5쪽쯤.

만들기

돼지고기를 손바닥 크기 정도로 토막을 낸 다음 프라이팬에 기름을 3~4큰술 정도 두르고 황설탕도 3~4큰술 정도 넣어 설탕이 약간 녹으면 돼지고기를 넣어 앞뒤로 잘 지져 낸다(반쯤 익게 된다).

같은 팬에 하려면 팬을 물에 한 번 씻어서 쓰고 다른 냄비에 하려면 돼지고기 1.5파운드 정도에 간장 1/4컵, 술 1/4컵, 파 1단(좋은 쪽은 떼어서 다른 데 쓰고 대가리 쪽을 조금 깊게 잘라 잎을 쓰도록. 다른 파단에서 수염쪽만 잘라서 쓰고), 마늘·생강(오래 조리는 거니까 오래된 것도 괜찮다)을 넣고 기름에 지진 고기를 한동안 조린다.

처음 끓일 때는 조금 센 불에서, 끓기 시작하면 제일 약한 불(simmer)로 줄여 고기가 흐물거릴 때까지 조리면 되는데 고기를 꼬챙이로 찔러 보아 푹 들어가면 고기에 간이 대강 밴 것이니까 그 때에 표고버섯 불린 것을 넣도록.

처음부터 버섯을 넣으면 버섯이 간장을 다 먹어서 고기는 싱겁고 버섯은 짜서 버섯장아찌가 되더라. 너무 푹 익은 고기가 싫으면 적당할 때 불을 끄면 된다.

참고

이렇게 만든 고기를 차게 식혀서 편육같이 썰어 놓으니까 좋더라.

갈비찜

준비

쇼트 립(short rib)이라고 하는 것은 뼈 바로 위에 기름이 붙어 있고 그 다음에 고기가 있는 것인데 국물 낼 때는 괜찮지만 맛이 좀 덜하더라.

잉글리시 컷(English cut)이라고 하는 건 뼈 다음 살이 붙어 있지. 미국 슈퍼마켓엔 많지 않고 몇 패키지씩은 있더라. 값이 약간 비싸긴 하지만 기름을 별로 떼어 내지 않아도 되니까 그게 그거지.

파, 마늘 다진 것, 간장, 설탕, 후추, 참기름, 술, 꿀도 좋고.

만들기 ①

은박지에 싸서 하는 방법

(갈비 2파운드일 때):

갈비에 1센티미터 간격 또는 더 촘촘하게 칼집을 내도 좋다. 양파 간 것 1/2컵, 간장 6큰술, 설탕 4큰술, 꿀 2큰술, 청주 3큰술, 참기름 2큰술, 파·마늘 다진 것(적당히 너희들 구미에 맞게), 후춧가루, 깨소금.

위의 것을 모두 합쳐 양념장을 만들어 갈비를 담가 1시간쯤 둔 다음 은박지에 하나하나 싼다. 이때 무를 나박나박 썰어서 함께 넣어도 되고, 표고버섯 불린 것, 밤·은행 등 그럴 듯하게 하려면 계란 지단도 넣고(맛은 그저 그래도 보기가 좋지).

너무나 꽁꽁 잘 싸면 풀 때 힘드니까 국물이 안 빠질 정도로만 싸. 쌀 때는 물론 국물도 한 수저씩 넣는 게 좋지. 이것을 찜통에 찐다(고기가 다 익을 때까지).

참고

갈비가 억센 것은 이렇게 하면 더디 익으니까 고기가 익었나 확인한 후 불을 꺼야 한다.

만들기 ②

갈비를 끓는 물에 한 번 데쳐 낸 후에 양념장을 골고루 뿌려서 조려 낸다. 이때에 파는 갈비가 다 익은 후에 넣고 상에 내기 직전에 참기름과 깨소금을 뿌려 낸다.

만들기 ③

갈비가 별로 안 좋을 때는(고기가 많이 안 붙어 있는 갈비를 샀을 때) 양지머리를 사서 갈비고기와 비슷한 크기로 썰어서 함께 넣으면 좋다. 양념은 다 똑같고 갈비와 양지머리에 물이 자작할 정도로만 부어 20~30분 끓인 후 기름은 걷어 내고 거기에 위의 양념장을 부어 조린다.

양념장 부을 때 무나 표고버섯·밤 등을 넣으면 부재료가 맛이 더 좋을 게다. 다 된 후에 하나씩 은박지에 싼다. 부재료도 함께 넣고.

참고

손님이 많이 오실 때는 이렇게 만든 것을 은박지에 싸서 오븐에 넣어 뜨듯하게 해서 내면 손쉽더라. 파는 은박지에 쌀 때 조금씩 뿌리는 게

갓이 더 날 거다.

간들기④

준비

갈비, 양파, 표고버섯, 무, 밤, 은행, 대추, 간장, 설탕, 꿀, 파, 마늘, 생강, 후춧가루, 깨소금, 참기름

만들기

갈비의 기름을 떼어 내고 1센티미터의 간격으로 (가로로) 칼집을 낸 후 찬물에 담가 피를 뺀다.

냄비에 물 6컵을 붓고 펄펄 끓으면 손질한 갈비를 넣어 부르르 한 번 끓여 갈비를 꺼내고 물은 버린다.

갈비를 다시 냄비에 넣고 물 3컵과 껍질을 벗겨 4등분한 양파를 넣어 끓인다. 고기를 찔러 보아 피가 안 나오면 양념장을 넣는다.

양념장(갈비 약 3파운드 정도일 때):

간장 5큰술, 설탕 3큰술, 마늘 1큰술, 생강즙 1/2큰술, 후춧가루 1/2작은술.

양념장을 넣어 끓여 고기가 어느 정도 익었으면 무를 가로 2센티미터, 세로 3센티미터, 두께 1센티미터로 자르고, 밤은 겉껍질과 속껍질을 벗기고 물에 담갔던 표고버섯, 씨를 뺀 대추와 함께 넣어 갈비와 함께 끓인다.

갈비가 다 익었으면 다진 파 2큰술, 참기름 1큰술, 깨소금 1큰술을 넣어 양념한 후 불을 끈다. 파가 숨이 죽은 후 그릇에 담고 고명을 얹는다.

참고

고명으로는 은행(기름을 약간만 두르고 소금을 뿌려 볶은 후 껍질을 벗겨)과 계란지단을 함께 얹으면 된다. 당근을 함께 넣어도 좋고.

갈비는 다 익었는데 무와 밤이 덜 익었을 경우 국물이 많으면 갈비는 건져 내고 무와 밤을 국물에 조리기만 하면 되지.

한우 갈비를 쓸 경우에는 물을 2배 정도 붓고 더 오래 끓여 국물은 따라 내어 국국물로 써도 된다.

북어찜

준비

북어포, 간장, 고추장, 설탕, 참기름, 술, 파, 마늘, 생강, 후추

만들기

마른 북어포를 물에 담가 불린 후 머리와 꼬리 지느러미 등을 가위로 잘라 내고 가시를 뺀 후 토막을 낸다.

북어 3마리 정도에 간장 4큰술, 고추장 1큰술, 설탕 3큰술, 참기름 1큰술, 조미술 1큰술, 마늘·생강 각 1작은술, 후추 1/2작은술, 파는 길게 잘라서 1/4컵 정도의 양념장을 부어 1~2시간 이상을 재어 두었다가 프라이팬에 식용유를 두르고 양면을 먼저 잘 지진 다음 물을 1/2컵 정도 넣은 후 물이 다 조려질 때까지 둔다(15분 정도).

다 졸아들면 참기름을 조금 더 뿌리고 통깨를 뿌린다.

참고

북어에 껍질이 있으면 껍질에 칼집을 내도록. 북어포 대신 코다리(반쯤 말린 북어)를 써도 된다. 고추장 대신 실고추를 써도 되는데 이때에는 간장을 1큰술 더 넣도록.

나이 드신 분들은 대부분 북어찜을 무척 좋아하신다. 한때는 북어값이 육류값보다 더 비쌌었다. 여기서 떼어낸 머리와 뼈·지느러미 등은 끓여서 국물을 해도 좋고, 개를 주면 개한테는 북어가 사람한테 인삼이 좋은 것나 똑같다더라. 개가 아플 때 병원에 데려가지 말고 우선 북엇국을 끓여 먹여 보는 것이 좋을 듯하다.

알찜

준비

계란, 새우젓 또는 명란젓, 고기, 파, 마늘, 후추

만들기

계란 4개를 반으로 깨뜨려 그릇에 담고 계란 껍질 반쪽에는 물을 부어 그 물을 깨뜨린 계란과 함께 잘 저어 놓는다.

고기는 잘게 썰어(다지든지) 파·마늘·후춧가루·간장(고기가 1/2컵이면 간장은 1작은술이면 된다)을 아주 조금 넣어 잘 섞은 후 새우젓 2큰술이나 명란젓 1/2컵으로 간을 해서 풀어 놓은 계란과 합쳐 다시 잘 젓는다.

계란찜 그릇에 기름을 바르고 위의 재료를 넣은 후 중탕을 하든지 찌든지 하면 된다. 귀한 손님이나 할아버지 진짓상에만 놓는 거였으니까 옛날에는 무척 맛이 있었는데…….

일본식 계란찜

참고

계란 찔 그릇에 기름을 바르지 않으면 다 먹고 나서 그릇 닦을 때 힘들다.

준비

계란, 멸칫국물(우리는 고깃국물도 좋더라), 간장, 소금, 설탕, 조미술, 생새우 쪄 놓은 것, 표고버섯 불린 것, 은행 까 놓은 게 있으면 좋고.

만들기

새우는 중간 것으로 맥주를 조금 넣고 소금을 뿌려 삶는다. 표고버섯 불린 것은 간장·설탕을 조금 넣고 무쳐 놓는다. 은행 까 놓은 것은 살짝 볶아 속껍질을 까 놓는다.

계란 큰 것 2개를 잘 푼 후 멸칫국물 1컵을 넣고 간장 1큰술, 조미술 1작은술을 넣어 잘 저은 후 체에 밭여 놓는다.

찔 컵에 기름을 바르고 새우·버섯·은행을 넣고 체에 밭여 놓은 계란물을 넣고 찜통에 찐다. 예쁘게 장식하고 싶으면 하고. 야들야들해서 먹기는 좋은데 일이 좀 많지. 계란을 풀어 간장을 넣고 맛이 너무 싱거우면 소금을 조금 넣도록. 단 게 좋으면 설탕을 조금 넣어도 되고. 일본 사람들은 설탕도 넣던데 우리는 단것을 별로 즐기지 않으니까.

6 구이

구이는 재료를 양념하여 굽는 건데, 불고기는 양념하여 너무 오래 두면 싱거워지고 맛이 덜하지. 양념해서 1~2시간이 적당하고.

될 수 있는 대로 숯불에서 구워야 맛이 좋다. 숯불에서 구우면 기름도 떨어져서 좋고. 똑같은 고기와 양념을 해도 불에 따라서 맛이 달라지지. 어느 불에서 구워도 한쪽이 다 익은 후에 뒤집어야지 다 익기도 전에 자꾸 뒤집으면 맛이 없다.

쇠고기구이

준비

고기 1파운드를 두툼하게 썰어서 잔칼질을 하거나 칼집을 낸다.

만들기

양념장은 앞에 있으니까, 고기 한 켜 놓고 양념장 뿌리고 그렇게 하면 되는데 텔레비전에서 요리사 이야기가 양념장 뿌린 후 손으로 끈기가 날 때까지 치대서 구워야 맛이 있다고 하더라. 그렇게 했더니 맛이 좀 나은 것 같기는 하더라만 여하튼 고기가 좋아야 맛이 있겠지.

얼었던 고기를 녹여서 쓰면 물이 많이 생기는데 이때는 물기를 헝겊행주나 종이행주로 닦은 후 양념해야 한다.

불고기 양념장에 술 대신 배즙을 넣으면 좋고. 생강즙을 넣으면 누린내도 안 나고 좋더라.

참고

고기가 좀 덜 좋든가 약간 질기든지 하면 양파 갈아 놓은 것에 꿀과 술을 넣어 고기를 미리 몇 시간 재어 놓은 후에 다시 양념장에 재면 괜찮더라. 이때는 양념장에 설탕이나 꿀을 미리 넣은 것 만큼은 빼고 넣어야지.

얇은 게 좋으면 미국에선 고기 파는 데 가서 "베이컨같이 썰어 달라(Slice as like bacon)."고 하니까 한국 불고기같이 썰어 주더라. 불고기 썬 것은 한국 식품점이나 일본집에는 있지만 가게가 가까이에 없으니까.

얇은 불고기 양념을 해서 찹쌀가루나 메밀가루가 있으면 묻혀 기름에 지져 먹으니 맛이 있더라. 파와 깻잎을 겉절이 양념해서 찹쌀가루 불고기 지짐에 싸 먹으면 느끼하지 않아서 좋고.

산적

준비

고기를 손바닥 둘만한 넓이로 스테이크 고기보다는 약간 얇게 저며서 양면에 칼집을 2밀리미터 간격으로 깊게 낸다(칼집을 낸 고기에 설탕 1/2큰술 정도를 뿌려두었다가 양념장에 재운 뒤에 먹으면 맛이 더 좋다).

만들기

양념장은 쇠고기구이와 같게 하고 구울 때는 한쪽이 완전히 다 익은 후에 뒤집을 것. 자꾸 뒤적거리면 양념장이 다 떨어지고 맛이 덜하니까. 상에 낼 때는 칼집 낸 반대 방향으로 먹기 좋은 크기로 썰고 잣가루를 뿌리면 맛이 좋지. 두어 시간 이상 양념장에 재어 놓아야 간이 밸 거다.

갈비구이

준비

L.A.갈비로 하든지 잉글리시 컷으로 하든지, 아무튼 갈비는 기름이 많아 될 수 있는 대로 안 먹는 게 좋고, 먹게 되면 구울 때 불에서 멀리 구우면서 기름을 많이 떨어지게 할 일이다.
갈비를 사다가 기름을 떼고 잔칼질을 한다. 잉글리시 컷은 칼집을 낼 때 뼈까지 칼이 닿게 깊숙이 해야 구워서 먹을 때 뼈만 쏙 빠지지. 칼집은 5밀리미터 간격으로 해 놓는 게 먹기 편할 거다.

만들기

양파와 꿀을 섞은 것에 갈비를 먼저 재어 둔다. 2~3시간 후에 고기 양념장에 다시 잰다. 갈비는 불고기보다 조금 단 게 좋으니까 먼저 잴 때 꿀을 아주 많이 넣지만 않았으면 고기 양념장에서 설탕을 일부러 안 빼도 될거다.

참고

될 수 있는 대로 불에서 굽는게 좋지. L.A.갈비는 그냥 써도 되지만 다른 건 미리 물에 담가 핏물을 뺀 후에 칼집을 넣어 재도록.

닭갈비구이

준비

닭(넓적다리), 파, 마늘, 생강, 간장, 고추장, 설탕, 후춧가루, 참기름, 깨소금, 술

만들기

닭의 넓적다리를 뼈는 그대로 두고 얇게 펴서 앞뒤로 칼집을 낸다. 칼집 낸 닭에 생강즙을 조금 넣고 버무려 둔다(넓적다리 6개에 생강즙 1/2작은술).

양념장(넓적다리 6개 분량): 간장 2큰술, 고추장 1큰술, 술 1큰술, 설탕 2큰술, 다진 마늘 1작은술, 생강즙 1/2작은술, 다진 파 2큰술, 참기름 1큰술, 깨소금 1큰술, 후춧가루 약간.

생강즙에 버무려 둔 닭에 양념장을 뿌려 1시간 정도 재어 두었다가 굽든지 프라이팬에 지져 상에 낸다.

참고

닭의 넓적다리 부위가 굽기에는 너무 빡빡하지 않아서 가장 적당하다. 가슴살을 쓰려면 식용유를 1큰술 정도 더 부어야 부드럽지.

빨리 구우려면 생강즙에 재운 닭을 한 번 익힌 후에 양념하면 된다. 닭은 잘 익혀야 한다.

돼지고기구이

준비

돼지안심은 너무 기름이 없어 빡빡하니까 로스트 거리를 사든지, 쇠고기구이같이 썰어 놓는다. 파 · 마늘 · 생강을 다져 놓는다. 간장, 고추장, 참기름, 깨소금, 후춧가루, 술, 설탕

만들기 ①

돼지고기는 저며서 잔칼질을 해 놓는다.

돼지고기 1파운드일 때 간장 · 고추장 · 술 각각 2큰술, 설탕 3큰술, 참기름 · 깨소금 각 1큰술, 파 2큰술, 마늘 · 생강 다진 것, 후춧가루 각 1작은술로 양념장을 만들어 고기와 양념장을 한 켜씩 놓고 잰다.

안심을 사용할 때는 샐러드유를 1큰술 더 넣으면 고기가 부드러워지지.

매운 것이 좋으면 고추장을 더 넣어도 되는데 그러려면 간장을 조금 덜 넣도록. 고추장을 될 때 수저 위로 올라오게 하면 2큰술이 되더라.

만들기 ②

돼지고기 편육구이는 돼지고기 삼겹살에 소금 · 후추 · 생강즙을 뿌려 김 오르는 찜통에 한 번 찐 후 잘라서 돼지고기 양념장을 발라 살짝 구우면 된다.

돼지갈비구이

준비

스페어 립(spare rib)을 사도 되고 백 립(back rib)이면 더욱 좋고, 갈비는 되도록 좋은 걸 준비하도록.

양념장은 돼지고기구이와 같은데 양념장을 발라야 하니까 솔이 필요하지.

만들기

돼지갈비 2파운드, 간장 2큰술에 마늘 · 생강 다진 것(각 1작은술), 후춧가루 약간을 넣어 돼지갈비에 바르고 30분쯤 후에 이것을 오븐에서 350도(섭씨로는 177도)로 40~50분 정도 익힌다.

기름도 빠지고 고기가 반 이상 익으면 갈비를 한 대씩 잘라 칼집을 내고 위의 양념장을 바른 후 다시 살짝 굽는다. 일이 많긴 해도 맛이 좋지.

참고

갈비는 뼈가 있기 때문에 간장을 고기구이의 2/3만 넣으면 된다.

생선구이

준비

아무 생선이나 다 좋고 언 것은 될 수 있는 한 냉장고에서 녹여 쓰도록. 생강, 마늘, 간장, 조미술, 설탕

만들기 ①

소금구이를 할 거면 생선을 잘 손질해서 굵은 소금에 잠시 절였다가 제물에 생선을 씻어 내어 굽는다.

석쇠에 소독저를 깔고 그 위에 생선을 놓고 구우면 껍질이 석쇠에 들러붙지 않아서 좋다. 될 수 있으면 불에서 멀리 떨어져 굽는 게 좋지.

만들기 ②

간장 1에 설탕 2의 비율로 섞은 간장을 설탕이 녹게 끓여서 구워 놓은 생선에 발라 먹으면 맛이 있다.

만들기 ③

간장 2큰술, 설탕 2큰술, 술 또는 조미술 1큰술, 생강·마늘 저민 것 각 5쪽.

이것을 설탕이 녹게 끓여 식힌 후 잘 손질해 놓은 생선을 1시간쯤 담가 놓았다가 굽는다. 이렇게 구운 생선을 고기를 가늘게 채썰어 설탕을 빼고 갖은 양념을 하고 당근·풋고추·미나리·숙주·팽이버섯·느타리버섯 등을 전골냄비에 담고 구운 생선을 얹어 고기장국을 부어 끓이면 맛좋은 찌개가 된다.

만들기 ④

위의 양념장에 고춧가루·깨소금을 더 넣어 양념장을 만들어 구워 낸 생선에 끼얹어 내면 조린 것 같은 맛이 나더라.

참고

소금구이만 하는 것은 조금 짜도 되지만 위에 양념장을 바를 것은 삼삼하게 절여서 구워야 간이 맞게 된다.

생선을 씻을 때 물에 식초를 넣어 씻으니까 비린내가 덜 나서 좋더라.

오징어불고기

준비

오징어, 간장, 고추장, 설탕, 파, 마늘, 생강즙, 깨소금, 참기름, 조미술

만들기

물오징어를 준비해서 껍질을 벗기고 다리는 떼어 내고 내장을 긁어 낸 후 잘 씻어서 내장이 있던 쪽에 비스듬히 가로 세로로 칼집을 낸다.

칼집 낸 오징어는 가로 3~4센티미터, 세로 4~5센티미터의 먹기 좋은 크기로 자른다. 떼어 낸 다리도 먹기 좋은 크기로 잘라 굵은 쪽은 엇비슷하게 칼집을 내어 둔다.

양념장을 만든다.

양념장(손질해 놓은 오징어 2컵일 때):

간장 2큰술, 고추장 2큰술, 설탕 2큰술, 다진 파 3큰술, 다진 마늘 1작은술, 생강즙 1/2작은술, 깨소금 1큰술, 참기름 1큰술, 조미술 1큰술.

위의 양념장을 만들어 손질해 놓은 오징어에 켜켜로 뿌려 재어 둔다.
프라이팬을 불 위에 얹어 뜨거워지면 식용유를 조금 두르고 양념장에 재어 둔 오징어를 칼집 낸 쪽부터 지진다.
접시에 담고 깨소금을 뿌려 낸다.

참고

위와 같이 준비해서 채소와 함께 볶아도 좋은데 이때에는 넓은 프라이팬에 채소는 한가지씩 볶아 옆옆이 밀어놓고 맨 나중에 오징어를 볶아 익은 채소와 함께 섞으면 된다(양파·피망·당근 등).
바비큐식으로 하려면 3~4개씩 꼬치에 끼워 숯불에 구우면 좋다.
조미술이 없을 경우에는 청주를 넣어도 된다.

쇠고기냄비구이

준비

채끝등심 덩어리, 마늘소금, 깻잎, 양상추, 파, 무순

만들기

채끝등심 덩어리에 마늘가루와 소금을 뿌리든지, 마늘소금을 뿌려 삼중바닥 냄비나 두꺼운 냄비에 물을 넣지 말고 중간보다 약한 불에서 2시간 정도 굽는다. 속이 덜 익은 것이 맛있는데 바싹 익은 것이 좋으면 더 구워도 돼.
보통 1,800그램이면 1시간 반 정도면 되고, 꼬챙이로 찔러보아 물이 조금 나오면 된 거다. 물이 조금 나올 때 불을 꺼도 더 익으니까.
고기가 익은 후 조금 식혀서 얇게 썰어 놓고, 깻잎·양상추·파·무순 등 있는 채소에 간장·식초·설탕을 같은 양으로 넣고 깨소금·고춧가루를 넣어 무쳐 썰어 놓은 고기에 싸 먹으면 맛이 있다.

쇠고기소금구이

준비

고기, 소금, 계란 노른자

만들기

꽃소금에 계란 노른자를 넣어 섞어서 덩어리 고기에 고기가 안 보일 정도로 두껍게 바른 다음 오븐에서 350도(화씨)에 두 시간 반 정도 굽는다.
오븐의 불을 끄고 20분쯤 지난 후 꺼내서 소금은 버리고 고기만 접시에 담아 두툼하게 썰면 아주 맛있는 로스트가 된다.

참고

고기는 3킬로그램 정도 되는 덩어리면 돼. 구운 감자나 롤빵·당근을 버터에 조린 것 등과 같이 먹어도 좋고.
나는 양념한 초간장을 찍어 먹으니까 느끼하지 않아서 좋더라. 김치하고 먹으면 더 맛이 있고.

7 저냐

저냐는 전(煎) 또는 전유어라고도 하는데 저냐를 할 때에 주의할 점은 먼저 프라이팬을 달군 후에 기름을 두르는 것이고, 불을 강하게 하면 겉씌운 옷이 타기만 하고 속이 잘 안 익으니까 불은 중간 불보다 약하게 하는 것이 좋고, 자꾸 뒤집으면 지저분해지니까 꼭 한번만 뒤집도록. 그리고 먼저 놓은 면이 앞면이 되니까 그 면을 깨끗이 하도록. 고기전처럼 간 있는 것은 죽 놓은 후에 한쪽이 대강 익으면 뒤집고, 뒤집은 후에 잘 익혀 팬에서 다 꺼낸 다음에 더 부칠 것이 있으면 팬을 종이나 물로 잘 닦아 낸 다음 다시 부쳐야 깨끗하다.

계란은 미리 소금을 약간 넣은 후에 풀어 놓아 두면 계란물의 색깔이 조금 더 진해져서 예쁘기도 하고 계란물 입히기가 좋지. 계란 풀어 놓은 것은 반드시 체에 한 번 밭여야 몸이 더 곱다. 밀가루가 너무 많이 묻어 있으면 밀가루 맛이 나서 맛이 덜하지. 재료에 밀가루가 너무 많이 묻었으면 털어낸다. 밀가루는 다른 옷을 입히는 데의 접착제 역할 정도니까. 부쳐 놓은 저냐는 채반에 담든지 종이 냅킨에 얹어 한 김 나가고 기름이 빠진 후에 접시에 담도록.

보통 프라이팬은 잘 안 씻고 두는데, 난 꼭 종이로 한 번 닦고 비누로 깨끗이 씻어서 둔다. 그래야 항상 새것 같고 기름내도 안 나서 좋지. 그냥 두어야 부침개 할 때 잘 일어난다고 하는데 씻어 두었다가 쓰는 것이 훨씬 더 좋지. 바닥도 옆도 깨끗하게 말이다. 매번 씻으면 항상 깨끗한 대로 있는데 그냥 두었다가 또 쓰고 하면 기름이 엉겨붙어 찌들게 되지. 프라이팬도 냄비도 매일 설거지할 때마다 깨끗이 반짝거리게 닦아 놓으면 음식 만들 때 기분도 좋고 반짝거리는 냄비를 또 닦아야 할 것을 생각해서 그릇을 덜 사용하는 방법도 연구(?)하게 되니까.

테플론을 입힌 프라이팬을 쓸 때는 뒤집개로 테플론이나 플라스틱 · 대나무를 써야 벗겨지지 않는다. 벗겨진 테플론 그릇에 음식하는 것이 병의 근원이 되기도 하니까. 텔레비전에서 요리 강습할 때 테플론 프라이팬에 스테인리스 뒤집개를 쓰는 것을 보면 조금 걱정스럽지.

고기전

준비

쇠고기를 불고기하듯이 포를 뜨는데 고깃간에서 뜨려면 베이컨같이 썰어 달라고 하니 우리 나라 불고기 같아지더라. 집에서 썰 거면 안심(tenderloin)을 사다 썰면 쉽지.

계란, 밀가루, 소금, 후추, 지짐기름

만들기①

저며 놓은 고기에 잔칼질을 해서 소금 · 후추를 뿌리고, 밀가루옷을 입히고 계란을 씌워 지진다. 초간장을 찍어 먹는다.

만들기②

저며 놓은 고기에 불고기 양념장을 (불고기 양념보다 반쯤) 해서 위와 같이 지진다. 단것이 싫을 때는 양념장 만들 때 설탕을 덜 넣는다.

파전

준비

파는 잘 다듬어 굵은 것은 4등분하고 가는 것은 반으로 가른 후 작게 하려면 5센티미터 정도로 자르고 크게 하려면 반만 자른다.

고기 · 해산물 · 셀러리를 넣으려면 파와 같은 크기로 잘라 놓는다.

계란, 밀가루

만들기

고기 1/2컵은 갖은 양념을 한다(간장 1/2큰술, 다진 파 2작은술, 다진 마늘 1/4작은술, 참기름 1작은술, 깨소금 1작은술, 후춧가루 약간). 해산물은 구할 수 있는 것만 준비한다. 새우는 껍질을 벗기고 똥을 딴다. 오징어는 껍질을 벗기고 4센티미터로 잘라 가늘게 채쳐 놓는다. 조갯살은 적당한 크기로 썬다(게살이 있으면 넣어도 좋고). 홍합은 수염을 떼어내고 손질한 후 3~4등분 한다.

작게 만드는 것은 썰어 놓은 파와 해산물 · 고기를 함께 섞어 소금간을 조금 하고 여기에 밀가루를 뿌린 후 계란 푼 것을 섞어 빈대떡같이 붙이면 된다.

크게 만드는 것은 썰어 놓은 파와 셀러리나 미나리에 밀가루를 뿌리고 이것을 계란물에 담가 뜨겁게 달구어진 프라이팬에 놓고 파 사이사이로 고기와 해산물을 놓고 계란물을 조금 더 끼얹어 뒤집고 잘 익으면 꺼낸다.

참고

동래파전이라고 해서 찹쌀가루를 넣고 게살을 갈아서 넣기도 하던데 내 입맛에는 찹쌀가루를 넣는 것보다 계란만 하는 게 더 좋더라. 게살 사다가 넣고 만들면 맛이 좋을 게다.

초간장 찍어 먹는 거니까 짜지 않게 하고 고기 양념에 간장을 조금 넣으면 고기 누린내가 안 나지. 게살은 이미 간이 있는 거니까 그런 것을 다 생각해서 소금을 넣는 게 좋지. 계란하고 파에만 간이 맞으면 되니까.

파는 300그램 정도, 해산물 썬 것 모두 합쳐 3컵, 굴을 넣으면 향기롭다.

간단한 파전

준비

파, 밀가루, 계란

만들기

쪽파는 머리 부분을 반으로 갈라 칼자루로 자근자근 두들겨 판판하게 한 후 파를 잎 부분과 머리 부분으로(즉 아래 위를) 섞어 밀가루를 뿌린다.

계란에 소금간을 약간 해서 밀가루 뿌린 파를 담갔다 꺼내 부쳐, 초간장을 찍어 먹으면 담백한 파전이 된다.

참고

고기나 다른 해물 같은 것을 넣지 않고 그냥 파만 부친 것이 파맛만을 맛볼 수 있어서 좋고. 특히 봄에 어린 파를 가지고 부치면 더 맛이 있지. 미나리도 이런 식으로 초대를 부치면 맛이 있다.

빈대떡

준비

녹두를 잘 씻어서 불려 놓는다. 하루쯤 불리면 좋고, 냉장고 속에서 이틀쯤 불리면 더 맛이 있다.

돼지고기(안심이 좋더라) 또는 쇠고기, 김치, 파, 양파, 마늘, 생강, 참기름, 깨소금, 후춧가루

만들기

불린 녹두 2컵일 때 고기 100그램을 4센티미터 길이로 토막을 낸 후 채를 썰어 간장 · 마늘 · 생강즙 각 1작은술, 참기름 · 후춧가루 약간을 넣고 무쳐 놓는다.

송송 썰어서 짠 김치 1/2컵에 참기름 1작은술을 넣어 양념한다(너무 꼭 짜면 맛이 없더라). 파는 4~5센티미터 길이로 썰어 놓는다. 양파는 가늘게 채썰어(1/4컵) 놓는다.

무쳐놓은 고기에 김치 · 파 · 양파를 넣고 마늘 · 생강 다진 것 1작은술을 넣은 후 참기름 · 깨소금 각 1큰술과 후춧가루 · 소금을 넣고 무친다.

녹두 불린 것 2컵에 물 1컵을 넣어 블렌더에 갈다가 소금 1/2작은술을 넣고 만들어 놓은 속을 섞어서 지지면 된다.

속이 짜면 갈아 놓은 녹두에 소금을 넣지 말고, 한 개 지져서 먹어 보고 간을 맞추면 될 거다. 김치 맛에 따라 소금을 넣어야 하기 때문에 소금 분량은 얘기 못하겠다.

참고

김치가 없을 때는 도라지를 소금에 절였다 넣어도 맛이 있고 고사리를 넣어도 맛이 있다. 느타리버섯을 넣어도 좋은데 느타리는 소금물에 데쳐 찬물에 헹군 후 1/4컵이면 꽃소금 · 참기름 각 1/2작은술, 후춧가루 약간을 넣어 양념한다.

숙주나물을 넣으려면 머리와 꼬리를 따고 빈대떡 반죽 위에 그냥 얹어 부치면 사각거려 맛이 있다. 녹두만 갈아서 소금을 넣고 부쳐도 맛이 있단다. 우리 어머니는 녹두만 부친 것을 더 좋아하셔서 빈대떡을 할 때에는 어머니 것을 먼저 댓 조각 부쳐 드리곤 했었지. 지금도 어머니 제사 때는 몇 조각 부치지.

이북에서는 녹두지짐이라고 하지. 고기나 닭 같은 것을 튀겼던 기름에 지지는 것이 새 기름으로 지지는 것보다 맛이 낫고, 돼지기름을 프라이팬에 얹어 기름을 싹 뺀 후 그 부스러기를 녹두에 함께 갈아 부치면 고소하지.

녹두는 껍질을 벗긴 후 물에 담가 냉장고에 3~4일 넣어 두었다가 하니까 훨씬 부드럽더라. 샴페인 이모가 그렇게 해 보라구 해서 해 봤지.

빈대떡을 만들 때는 대개 돼지고기를 쓰는데 난 가끔 쇠고기를 쓰지. 아주 맛있는 부위의 고기를 넣으면 맛이

더 좋지. 녹두 2컵이면 빈대떡 24장이 나온다.

생선전

준비

생선은 포를 떠서 소금물(물 1/2컵에 볶은 소금 1작은술을 넣은 것)에 담갔다가 건져 물기를 빼고 후춧가루를 뿌려 놓는다. 빨간 고추(피망도 괜찮다), 파란 고추를 다져 넣는다. 밀가루, 계란

만들기

다져 놓은 고추를 물에 한 번 헹구어 소금을 조금 뿌리고 계란물에 담근다.

준비해 둔 생선에 밀가루를 바르고 계란물에 담가 내서 달구어진 프라이팬에 놓고 조금 익었을 때 계란물에 담근 고추를 조금씩 떠서 생선 위에 놓고 뒤집어서 계란만 익으면 꺼낸다(생선 200g 정도면 계란 2개를 푼다).

미국에는 거의 냉동 생선인데 이렇게 하면 고추맛이 배어 훨씬 맛이 있는 것 같더라. 냉동 생선일 때는 저민 생선에 참기름을 바르고 소금·후추를 뿌려 지지면 맛이 훨씬 좋더라.

완자전(돈전)

준비

고기 다진 것, 두부, 양파, 계란, 밀가루, 갖은 양념

만들기

두부는 도마에 놓고 칼로 한 번 으깨서 보자기에 짠다. 양파는 다져 놓는다.

다져 놓은 고기 1파운드, 두부 1/2모(으깨서 짠 것 1/2컵에 볶은 소금 1작은술, 참기름·후추 약간), 양파 다진 것 1/2컵, 소금 1작은술, 간장 1큰술, 설탕 2작은술, 파 다진 것 1큰술, 마늘 다진 것 1작은술, 후춧가루 약간, 참기름·깨소금 등 위의 재료를 섞어 잘 치댄다.

한 입에 먹기 좋은 크기로 동그랗게 빚어서 밀가루를 바르고 계란을 씌워 지진다. 한 번만 뒤집고 그대로 익혀야지 자꾸 뒤집으면 간국이 흘러 검은 것이 계란에 붙어 지저분해 보이게 되지. 젓가락으로 고기를 건져 내서 지

여러 가지 채소전

지면 계란이 조금만 묻어 예쁘지 않으니까 숟가락으로 계란을 함께 떠서 동그랗게 지지면 예뻐.

참고

완자를 만들려면 이렇게 준비한 고기를 은행알만하게 빚어 밀가루를 씌우고 계란을 입히는데 밀가루는 쟁반에 많이 담아 그 위에 완자를 놓아 흔든다.

그것을 쇠조리에 넣고 밀가루를 털어 낸 다음 계란물에 넣고 다시 쇠조리에 받혀 달구어진 프라이팬에서 흔들면서 익힌다.

준비

가지, 감자, 호박, 고추, 당근, 양파, 밀가루, 계란, 소금

만들기

밀가루물: 밀가루 1컵에 물 1컵, 꽃소금 1작은술을 잘 섞어 놓는다.

감자는 1~2밀리미터의 두께로 썰어서 밀가루를 묻히고 위의 밀가루 물에 담갔다가 지진다. 가지·호박도 같은 방법으로 한다.

가지·감자·호박 등을 저냐거리로 썬 후에 끝 부분은 채로 썰어 고추·당근·양파 등과 같이 섞어 위와 같은 방법으로 해도 맛이 있다.

참고

채소에 소금을 뿌리지 않는 이유는 소금을 뿌리면 채소가 질겨지고 물이 나와서 밀가루 묻힐 때 밀가루가 너무 많이 묻게 되어 저냐가 딱딱하고 맛이 덜하더라.

감자는 수저로 눌러 보아 익은 후에 꺼내야 하고, 가지는 밀가루만 익으면 괜찮고, 호박은 새파래지면 다 익은 거지.

호박에는 고기를 양념해서 위에 덧붙여 부치기도 하지. 호박을 얇게 저며 아무 것도 안 바르고 기름에 그냥 지져 양념장을 끼얹어도 좋지. 내 친구 한 사람이 그 호박전을 좋아해서 우리 집에서는 아무개 호박전이라고 부르지.

여기의 감자·가지는 수진이 할아버님 49재 때 절에서 공양드릴 때 만든 것인데 맛이 있어서 적어 보내는 거다.

감자전(부침)

준비

감자, 양파, 파(실파 · 쪽파), 깻잎, 풋고추, 부추, 감자 전분, 소금, 식용유

만들기

감자는 껍질을 벗기고 감자 눈은 파내고 물에 담근다. 양파는 가늘게 채썰어 놓는다. 파는 5센티미터 길이로 잘라 놓는다. 깻잎도 파와 같은 길이로 썰고 풋고추와 부추도 같은 모양으로 썬다.

감자를 강판에 갈아 꽃소금과 후춧가루 약간을 뿌린다(감자 간 것 1컵, 꽃소금 1작은술, 후춧가루 약간).

준비된 채소에 감자 전분 2큰술을 넣어 섞은 후 감자 간 것에 합친다.

프라이팬을 불 위에 얹어 뜨거워지면 식용유를 두르고 감자 반죽을 한 숟가락씩 떠서 앞뒤를 노릇노릇하게 지진다.

초간장에 풋고추 곱게 다진 것을 섞어 함께 낸다.

참고

채소는 손쉽게 준비할 수 있는 것만으로 하면 된다. 감자만 부치려면 소금을 반만 넣어도 된다. 감자를 한 숟가락 떠 놓고 그 위에 양파 썬 것과 빨간 고추로 장식해서 지져도 좋다.

채소를 넣을 때 감자 1컵에 채소 1/2컵 정도면 적당하다. 위의 양이면 감자 반죽 한 숟가락씩 지져 12장 정도가 된다.

채소에 소금을 넣으면 채소가 질겨지니까 감자 간 것에 소금 간을 한다. 갈아 놓은 감자는 오래 두면 색깔이 변하니까 소금을 빨리 넣어야 한다.

양파를 안 먹는 아이에게 해줄 때는 양파와 감자를 갈아서 하면 좋지.

생표고버섯전

준비

생표고버섯, 참기름, 식용유, 소금, 후춧가루, 파, 계란

만들기

구이

생표고버섯에서 버섯 기둥을 자른다(자른 기둥은 옆에 지저분한 것을 칼로 긁어내고 딱딱한 부분은 잘라 낸다).

버섯을 빨리 씻어 물기를 닦고 참기름 1큰술에 꽃소금 1/2작은술의 비율로 섞어 놓은 기름을 발라 재어 놓는다.

10분쯤 후 프라이팬에 식용유나 참기름을 두르고 앞뒤로 지진다.

전

떼어서 손질한 버섯 기둥을 곱게 다진다. 파는 송송 썰어 놓는다(다져도 된다).

다져 놓은 버섯 기둥에 썰어 놓은 파와 소금·후춧가루를 넣고 계란을 풀어 한 숟가락씩 떠서 프라이팬에 식용유를 두르고 동그랗게 전을 부쳐 초간장과 함께 낸다.

생표고버섯 600그램 정도일 때:

기둥만을 다지면 2컵 정도가 되고 이때의 양념 분량은 다진 파 2큰술, 꽃소금 1작은술, 후춧가루를 약간 넣고 큰 계란 3개를 깨뜨려 넣으면 적당하다.

참고

표고버섯은 기둥이 좋다고 하더라. 전을 부칠 때 다진 파 대신 파를 4센티미터 정도로 길게 채썰어 넣어도 좋다.

버섯을 소금·후추 뿌려 재우는 대신 불고기를 할 때 불고기 양념장에 함께 재어 구우니 맛이 있더라.

느타리버섯피망전

준비

느타리버섯, 피망, 양파, 커피프림, 계란

만들기

느타리버섯은 끓는 소금물에 데쳐 내어 냉수에 헹군 후 길이로 찢어 놓는다(1/2컵).

피망은 느타리버섯과 같은 모양으로 썰어 놓는다(1/2컵).

채썬 양파 1/4컵을 섞고, 거기에 커피프림(2큰술)을 넣은 후 소금 간한 계란물을 부어 부치면 된다.

참고

프림을 넣어야 부드러워진다더라. 응구 어머니가 어느 잔칫집에 가셨다가 배워 오셨는데 맛도 좋고, 쉽고.

때때로 느타리버섯이 무지 싸기도 해서 잘 해먹는데 미국에는 여전히 느타리버섯이 비싸겠지? 가락시장에선 한 짝에도 몇 푼 안 하는데…….

생표고버섯에 참기름과 소금을 바른 후 식용유에 그냥 지져도 맛이 쫀득하고 좋지. 콜레스테롤 운운하는 분들이 특히 더 좋아하는데 우리도 맛이 좋아.

게살전

준비

게살(캔 또는 꽃게를 쪄서 살만 발린 것), 계란, 파

만들기

게살에 파를 길게 썰어서 넣고 계란 푼 것을 섞어 한 수저씩 떠서 저냐를 부친다.

뜨거울 때 초간장에 찍어 먹으면 맛이 있다.

참고

저냐 부치기가 손쉽고 만들어 놓으면 다들 좋아하시더라. 한 가지 흠이라면 좀 비싸다는 것이지.

파를 가늘게 채치고, 빨간 고추가 있으면 몇 개 넣어도 좋더라. 게살 자체가 좀 간간하기 때문에 소금을 안 넣어도 괜찮다.

김치전

준비

김치, 고기, 대파, 밀가루, 계란, 소금, 참기름, 깨소금, 간장, 설탕, 마늘

만들기

김치는 줄기쪽으로 길이 10센티미터 정도로 잘라 가로로 2센티미터쯤 되게 갈라 꼭 짜서 1컵이 되면 참기름·깨소금 각 1작은술로 무쳐 놓는다.

고기 넓이는 김치와 같게 길이는 김치보다 약간 길게 잘라 1/2컵이 되면 양념한다.

양념:

간장 2작은술, 설탕 1작은술, 다진 파 2작은술, 다진 마늘·참기름·깨소금 각 1작은술.

대파 또는 움파는 김치와 같은 크기로 자른다.

무쳐 놓은 김치, 양념한 고기, 잘라 놓은 파를 산적꼬치나 이쑤시개로 번갈아 꿰어 밀가루 반죽한 물에 묻혀 지진다.

밀가루 반죽물:

밀가루·물 각각 반컵, 계란 1개, 소금 1/2작은술.

참고

밀가루 반죽할 때 물을 양짓국물이나 멸칫국물로 하면 더 맛이 있단다.

고기는 익으면 줄어들기 때문에 김치보다 약간 길게 잘라야 모양이 좋더라.

김치 대신 배추 줄기를 쓰면 단맛이 있고.

8 죽

식량이 모자랐던 예전에 조반 석죽이라고 해서 아침에는 밥을 먹고 저녁엔 죽을 먹었다는데, 온종일 에너지를 써야 하니까 아침에는 든든히 밥을 먹고 저녁에는 죽을 먹으면 비만 걱정이 없는, 매우 합리적인 식단이라고들 하더라. 그러나 요즘은 대개 아침을 간단히 죽으로 하는 사람들이 많은데, 어쨌든 식욕이 없는 환자라든가 간식 · 밤참용으로는 죽처럼 안성맞춤인 것이 없지.

보통 죽은 물을 많이 붓고 끓이면 되는 줄 아는데 그렇게 하면 대개는 미음이 되지. 물과 쌀의 분량을 여기 계량한 대로 죽을 쑤면 농도가 알맞을 거다. 불을 너무 세게 하면 쌀알이 푹 퍼지지 않고, 물만 빨리 졸게 되니까 불 조절을 잘 하도록.

잣죽

준비

쌀, 실백(잣)

만들기

쌀 1컵(불린 쌀)과 잣 1컵에 물 1컵을 붓고 블렌더에 잘 갈아 체에 밭여 끓일 냄비에 담고 체에 밭인 찌꺼기에 다시 물을 1컵 더 넣어 곱게 갈아서 체에 걸러 놓는데, 될 수 있으면 찌꺼기가 안나게 한다.

이것을 불에 얹어 타지 않게 잘 젓는다. 그냥 끓이면 너무 된 것 같은데 더 끓이면 알맞게 묽어지니까 절대로 물을 더 붓지 말 것.

소금은 각자 식성에 맞게 쳐서 먹도록 따로 놓고. 그러면 '따로소금 잣죽'이 되겠지?

참고

1컵이라고 쓴 것은 그냥 1이라는 얘기니까. 무슨 용기이든 식구 수에 맞게 1/4컵짜리를 쓰든지 좋을 대로 하는데, 쌀하고 잣하고 같은 양이고 물은 쌀의 두 배이니까 물을 꼭 되서 그 물만 가지고 죽을 쑬 것.

팥죽

준비

팥, 쌀, 찹쌀가루(새알심을 하려면)

만들기

팥 1컵에 물 4컵을 넣어 끓으면 그 물은 버리고 새로 물 10컵을 넣고 팥이 다 팍 퍼질 때까지 끓인다.

팥을 소쿠리에 건져 내고 물은 냄비에 그냥 둔다. 건져 낸 팥에 꽃소금 1큰술을 넣고 물을 부어 가며 걸러 낸다.

앙금과 물 모두가 9컵이 되게 해서 죽을 쑤는데 앙금을 가라앉혀 윗물만 살짝 따라 내서 거기에 불린 쌀 1/2컵을 넣고 끓이다가 쌀이 조금 퍼졌으면 팥물을 더 붓고 하여 쌀알이 다 퍼질 때까지 끓이면 된다.

새알심은 죽이 거의 다 익었을 때 넣는데, 찹쌀가루를 익반죽해서 동그랗게 빚어서 넣어도 되고, 쉽게 하려면 인절미를 조그맣게 잘라 넣어도 되더라. 새알심을 만들 때 생강즙을 한 방울 넣으면 향이 좋다.
팥 삶은 것을 거르고 찌꺼기는 버린다. 어쩌다 해먹고 싶은 생각이 날 때 몰라서 궁금해할까 봐 적어 놓는 거다.

녹두죽

준비
껍질 벗기지 않은 통녹두, 쌀

만들기
녹두 1컵에 물 10컵을 넣고 푹 삶는다. 방법은 팥죽과 똑같다.
푹 삶은 녹두를 잘 주물러서 체에 밭여 찌꺼기는 버리고 앙금 가라앉은 것과 물이 모두 8컵이 되게 한 다음 불린 쌀 2/3컵을 넣고 죽을 쑤면 되는데, 먼저 윗물만 따라 거기에 쌀을 넣고 무르면 앙금을 한 국자씩 떠넣고 저어 가면서 죽을 쑤면 된다.
처음부터 다 넣고 끓여야 맛이 있다고 하지만 내도록 어떻게 젓고 서 있겠니, 팔 아프게. 두 개 같이 놓고 맛을 비교하면 어떨지 모르지만 웬만해서는 모르겠더라.
녹두를 거를 때 꽃소금 1큰술을 넣고 거르면 돼. 녹두죽을 매일 한 끼씩 한 달쯤 먹으면 콜레스테롤 수치가 많이 내려간다고 하더라.

보리죽

준비
납작보리, 쌀, 잣, 우유, 소금

만들기
납작보리를 물에 5~6시간 불려 놓는다. 불려 놓은 납작보리 1컵에 물 1/2컵을 넣어 전기 분쇄기에 곱게 간다.
불린 쌀 1큰술에 고깔 딴 잣 2큰술을 넣고 우유를 1컵 넣어 곱게 갈아 놓는다.
갈아 놓은 납작보리를 냄비에 넣고 물 1/4컵을 더 넣어 끓인다. 보리가 다 익었으면 우유에 갈아 놓은 쌀과 잣을 넣어 나무 주걱으로 계속 저어 가며 끓인다. 펄떡펄떡 끓으면 우유 1/2컵을 더 넣어 끓인다.
다 익었으면 볶은 소금 1작은술을 넣어 소금이 녹게 저은 후 그릇에 담아 낸다.

호박범벅

참고

시중에 나와 있는 할맥이나 압맥을 쓰면 된다. 통보리를 쓰려면 깨끗이 씻어 말린 후 가루를 만들어 놓고 쓰면 되는데 이때는 가루를 물에 불려 쓴단다.

소금은 끓을 때 넣어도 되고 상에 낼 때 따로 내어 식성에 맞게 넣어도 되지.

준비

늙은호박, 붉은팥, 강낭콩, 찹쌀가루, 소금, 설탕, 물

만들기

늙은호박은 반으로 갈라 속과 씨를 꺼내 3센티미터의 넓이로 잘라 껍질을 벗기고 2~3센티미터의 크기로 썰어 놓는다.

썰어 놓은 호박을 냄비에 담고 물을 부어 끓인다(썬 호박 7컵 정도에 물 2컵). 처음에는 센 불에서 끓이고 호박이 끓기 시작하면 불을 줄여 호박이 푹 무르게 한다.

팥은 4배의 물을 부어 팥이 무르도록 끓인다. 강낭콩도 팥과 같은 방법으로 끓여 놓는다. 찹쌀가루 반컵에 끓는 물 1큰술을 넣어 익반죽을 해서 은행알 크기 정도로 빚어 놓는다(20개 정도가 된다).

끓인 호박을 주걱으로 잘 으깨어 (쇠조리에 내려도 된다) 삶은 팥과 강낭콩을 넣어 끓이다가 찹쌀가루에 물을 부어 갠 것을 거기에 넣고 한 번 더 끓인다. 찹쌀을 넣은 후에는 눋지 않게 계속 주걱으로 젓는다.

소금과 설탕으로 간을 한 후 한 번 더 끓으면 만들어 놓은 새알심을 넣어 끓인 다음 그릇에 담는다.

분량

호박 7컵에 물 2컵을 넣어 15분간 약간 센 불에서 끓이고 약한 불에서 20분간 끓이면 5컵 정도가 된다.

여기에 소금 1과 1/2작은술, 설탕 4큰술을 넣고 삶은 팥과 강낭콩은 각각 반 컵을 넣는다.

찹쌀가루 반 컵에 물 반 컵을 넣어 걸죽한 물을 만들어 뿌리면 된다.

참고

강낭콩을 껍질이 있는 것을 까서 쓰면 삶지 않아도 되는데 이때는 으깬 호박에 먼저 넣어 콩이 익도록 끓여야 한

단다.

팥과 콩을 넣지 않고 호박이 익으면 으깬 후 거기에 찹쌀가루만 부어 끓여도 좋고. 차수수가루로 익반죽을 해서 새알심을 만들어도 좋다. 찹쌀가루로 새알심 만들 때 팥 삶은 물을 넣어 익반죽하면 색깔이 곱지.

전복죽

준비

전복, 참기름, 쌀, 물

만들기

전복은 소금으로 문지르고 솔로 박박 닦아 검은 것이 없게 한 후 내장을 떼어 내고 내장은 따로 보관한다.

손질한 전복에 물을 붓고 10분 정도 끓인다(전복 100그램에 물 6컵을 붓는다). 살짝 삶은 전복을 꺼내 얇게 저민다.

저며 놓은 전복에 참기름 1큰술, 불린 쌀 1컵을 넣어 잘 볶다가 전복 끓인 물을 붓고 눌지 않게 저어 가며 죽을 쑨다.

어느 정도 되면 전복 창자를 터트려 넣고 한 번 더 끓여 소금간을 하고 간장을 넣어 먹는다.

참고

많이 쑬 때는 전복과 소라를 갈고 고기도 갈아 함께 쑨다.

타락죽

준비

찹쌀가루, 우유, 물, 소금

만들기

찹쌀가루 말린 것을 코팅된 냄비에 넣고 약한 불에서 노릇노릇하게 볶는다. 코팅된 냄비가 없을 경우에는 냄비에 한지를 깔고 볶는다.

볶은 찹쌀가루 1/2컵에 물 1컵을 넣고 잘 개어 놓는다. 잘 갠 찹쌀을 끓인다. 잘 끓을 때 우유 3컵을 넣고 약한 불에서 서서히 끓인 후 소금으로 간을 맞춘다.

참고

찹쌀은 볶을 때 잘 눌어붙기 때문에 코팅된 냄비나 한지를 깔아야 하지.

9 장아찌

입맛이 없거나 죽상을 차릴 때 장아찌 한두 가지 있으면 제격이지. 옛날에는 냉장고가 없었으니까 장아찌를 아주 짜게 했었는데 요사이는 덜 짜게 만들어 냉장고에 두고 먹으면 괜찮더라.

20여 년 전만 해도 제철 아닌 채소는 비싸서 못했었지. 김장 끝나고 나면 무 썰어서 말리고, 배추꼬리도 썰어 말리고, 깻잎은 가을에 소금물에 며칠 담가 검정물과 씁쓸한 물을 뺀 후 채반에 꾸득꾸득 말려 양념장 발라 만들고. 지금은 제철 채소라는 것이 거의 없으니까 먹고 싶을 때 조금씩 해먹으라고 적었다. 찬밥에 물 말아서 장아찌하고 먹으면 칼칼하고 맛이 있었거든.

무채엿장아찌

준비

무는 손가락 굵기로 썰어 놓는다.

간장, 설탕, 파, 마늘, 생강채, 고춧가루

만들기

썰어 놓은 무 4컵에 간장 1컵을 뿌려 하룻밤 절여 놓는다.

다음날 무는 꼭 짜서 다시 그릇에 담아 놓고, 꼭 짠 간장에 설탕 3큰술을 넣어 간장이 1컵 정도 될 때까지 조려 식힌 후 다시 꼭 짜 놓은 무에 부어 놓는다.

2~3일 지난 후 무를 다시 꺼내 꼭 짜서 놓고 간장은 다시 달인다.

꼭 짜 놓은 무에 파채 · 생강채 · 마늘채 · 고춧가루(가능하면 고운 고춧가루)를 넣고 무쳐 용기에 담고 달여 놓은 간장을 식혀서 붓는다. 먹을 때에 조금씩 꺼내 깨소금과 참기름을 넣어 무쳐 먹으면 된다.

참고

곰팡이가 생길까 봐 간장을 여러 번 달여 붓는데 냉장고에 넣고 먹으면 세 번 정도 달이니 충분하더라. 무를 말리는 일이 번거로운데, 이렇게 하면 말려서 만든 거나 똑같고 조금씩 만들어도 되니까 좋더라.

서울에서 파는 간장은 싱거워서 집간장을 4:1 정도로 섞어야 하는데, 미국에선 일본 진간장으로 그냥 해도 괜찮다.

오이숙장아찌

준비

피클 오이 또는 조선 오이, 간장, 설탕, 식초

만들기

오이를 소금에 문질러 잘 씻은 후 병이나 플라스틱 용기에 차곡차곡 담는다.

간장 1컵에 설탕 1/3컵, 식초 1/3컵을 섞어 팔팔 끓을 때 끓는 간장을 담아 놓은 오이에 부은 다음 무거운 돌을 깨끗이 씻어 오이를 눌러 놓는다.

하루 지나서 오이를 꺼내 다시 용기에 담는데, 위에 있던 오이는 아래로 가게 해야 골고루 절더라. 간장을 다시 달여 완전히 식힌 후 오이에 붓는다.

이틀쯤 지난 후에 다시 한 번 간장을 달여 부으면 돼. 먹을 때는 썰어서 깨만 뿌려 먹어도 되고 참기름·고춧가루·다진 파를 넣어 무쳐 먹어도 되지.

참고

오이 몇 개에 간장 몇 컵이라고 딱 정할 수 없는 것은 오이의 크기가 다 다르기 때문이지. 용기에 오이를 담고 물을 부어 겨우 자작하면 다른 그릇에 그 물을 따라 계량컵에 재어 그것 만큼의 간장에 비례해서 설탕·식초를 넣으면 되지. 만들기는 좀 귀찮아도 냉장고에 짠 반찬이 있으면 밥에 물 말아서 점심 한 끼는 맛있게 때울 수 있으니까.

고추도 고추 끝을 가위로 잘라 내고(간장이 고추 속에 배게) 꼭지는 1센티미터 정도만 남겨 이것을 오이 밑에 깔고 장아찌를 담그면 오이가 매콤해서 좋지.

간장만 만들어서 고추장아찌를 따로 만들어도 되고, 오이를 썰어서 위와 같이 담가도 된다. 식초는 화이트식초가 적당하다.

마늘종장아찌

준비

마늘종, 식초, 간장, 설탕

만들기

마늘종을 잘 씻은 후 5~6센티미터의 길이로 잘라 용기에 담고 식촛물을 부어 둔다(마늘종 1컵에 식초 1/3컵, 물 1/3컵).

이틀쯤 지난 후 마늘종만 꺼내 간장 1/2컵, 설탕 2큰술, 식초 3큰술의 간장물에 담가 3일쯤 지난 후 간장만 따라 끓여 식힌 후 다시 마늘종에 붓는다.

다시 일주일쯤 지난 후 간장을 다시 한 번 달여 식혀 붓고는 냉장고에 보관하고 먹는다.

참고

간장을 달일 때는 거품이 나오는 것을 잘 걷어 내도록.

무말랭이북어장아찌

준비

무말랭이, 북어, 간장, 설탕

만들기

무말랭이를 손으로 박박 으깨 씻어 소쿠리에 건져 놓는다. 무말랭이 1컵을 씻었으면 소쿠리에서 건진 상태대로(너무 꼭 짜지 말고) 용기에 담고 간장을 자작하게 붓는다(마른 무말랭이 1컵이면 간장은 1컵 반).

2~3일 지난 후 간장만 쪽 따라 간장의 1/4의 설탕을 넣고 끓여 식혀 놓는다.

북어를 물에 담가 방망이로 두들겨 무말랭이와 같은 크기로 쪽쪽 찢어 무말랭이 담았던 용기 맨 밑에 깔고 그 위에 무말랭이를 담은 후 끓여 식힌 간장을 부어 3~4일 후에 꺼내 무쳐 먹는다(무말랭이가 1컵이면 찢어 놓은 북어도 1컵이면 된다).

참고

북어포를 써도 되고 찢은 북어를 써도 된단다.

무말랭이에 북어를 넣으려면 처음에 간장을 좀 넉넉히 넣어야 하고 간장이 너무 짤 때는 물을 약간 넣든지 설탕 대신 설탕 시럽을 넣어도 되지.

10 나물

말렸던 나물을 다시 불려서 볶는 것과 그냥 볶든가 무치든가(겉절이같이) 하는 게 있는데, 말렸던 나물은 미지근한 물에 담갔다가 어느 정도 퍼지면 불에 얹어 한 번 끓인 후 그냥 그대로 식힌다. 다 식은 후 만져 보아 부들부들해졌으면 물을 갈아 떫은 물을 빼고 먹기 좋은 크기로 잘라 볶는다.

고사리는 칼을 대면 비리다고 하지만 칼로 잘라도 상관없더라. 너무 길든지 크든지 하면 먹기가 나쁘니까 반드시 먹기 좋은 크기로 잘라 만드는 게 좋지. 말렸던 나물을 다시 삶아 볶는 나물을 묵은 나물이라고 하는데, 대개 음력 정월 보름에 먹지.

여기에는 계랑을 양재기로 썼는데 한 양재기는 대강 빡 갈라서 4컵 정도가 된다.

파래달래무침

준비

파래, 달래, 식초, 설탕, 깨소금, 고춧가루

만들기

파래 8묶음을 굵은 소금을 넣고 잘 주물러 깨끗한 물에 여러 번 씻어 검은 물이 안 나올 때까지 헹궈 꼭 짜 놓는다.

깊숙한 그릇에 파래를 담고 간장 1/2컵을 부어 잘 섞은 후 꼭 눌러 둔다.

달래 1단을 잘 씻어 굵은 대궁이 쪽은 칼자루로 자근자근 두드려 놓고 흰 수염 쪽으로 썰기 시작하여 1/2컵이 되면 1/4컵의 식초를 부어 담근다. 이때 파란 부분은 조금만 쓴다.

간장에 담갔던 파래를 반쯤만 꺼내 꼭 짜고 식초에 담갔던 달래도 꼭 짜서 무쳐 낸다(식초에 담근 달래 1단과 파래 4단이면 적당하다). 무칠 때 깨소금과 고춧가루를 넣고 식성에 따라 설탕을 조금 넣어도 맛이 있다.

참고

이렇게 간장에 담갔던 파래는 한참 두고 먹어도 맛이 있더라. 오래 두고 먹으려면 간장을 꼭 짜서 한 번 달여 식힌 후 다시 넣으면 곰팡이도 안 나고 봄에 입맛이 없을 때 좋지.

묵은 동치미 무가 있으면 채로 썰어 한 번 헹궈 이 파래와 함께 무치는데 이때는 식초와 설탕을 조금 넣고 고춧가루·깨소금을 넣으면 반찬 한 가지가 거뜬히 되지.

식초에 담갔던 달래는 양념장 만들 때 조금 다져 넣어도 좋고, 식초에 담그고 남은 달래의 파란 부분은 된장찌개에 넣으면 맛이 있단다.

고사리나물

(고비: 꽃이 없고 대가 고사리보다 굵다.)

준비

고사리 또는 고비 1근(살살 담아 국 대접 정도의 한 양재기), 간장, 국국물 1컵, 파 길게 썬 것, 마늘 다진 것, 참기름, 깨소금, 후춧가루, 실고추나 고춧가루

만들기

잘 다듬어 놓은 고사리에 간장 2큰술, 마늘 다진 것 1작은술, 식용유 2큰술을 넣어 잘 주무른 후, 냄비에 볶다가 어느 정도 볶아지면 국국물을 자작하게 부어 뚜껑을 닫고 조린다.

가끔 한 번씩 뒤집고 국물이 다 조려졌을 때 불을 끄고 길게 썬 파를 넣고 뚜껑을 덮고 파가 숨이 죽으면 참기름 · 깨소금 · 고춧가루 · 후춧가루 약간을 넣고 무친다.

참고

다진 고기에 설탕을 뺀 갖은 양념을 해서 고사리와 함께 볶다가 여기에 국물을 넣고 조려도 맛이 있다.

고사리를 볶아서 국물을 넣고 국물의 간을 보아 삼삼해야 국물이 졸면 간이 맞게 된다. 처음에 국물간이 맞으면 다 조려졌을 때 짜게 되지.

여기 적힌 분량대로 해보아 간이 안 맞으면 너희가 간을 가감하여 고쳐 놓으렴. 간장마다 맛이 틀리기 때문에 너희 입에 꼭 맞게 하기 힘드니까. 만드는 요령은 이렇다는 거다.

취나물 · 호박고지 · 고구마순도 다 같은 방법이다. 국대접 1양재기면 4컵 정도가 된다.

시래기나물

준비

무 시래기 삶은 것 1양재기, 된장 또는 막장, 멸칫가루, 풋고추, 파, 마늘 다진 것, 식용유, 참기름, 깨소금, 국국물

만들기

무 시래기는 먹기 좋은 크기로 잘라 놓는다(5센티미터 정도).

여기에 된장 1큰술, 멸칫가루 1큰술, 풋고추 2~3개 정도를 씨를 빼서 썰어 넣고 마늘 다진 것과 (입맛대로) 식용유 2큰술을 넣어 손으로 잘 주무른 후 냄비에 넣고 볶다가 국국물을 자작하게 (1컵쯤) 붓고 중간보다 약한 불에서 서서히 조린다.

거의 조려진 후에 파를 넣고 깨소금 · 참기름 · 고춧가루를 넣어 무쳐 낸다.

참고

깍두기를 담고 남은 무청이 있으면 버리지 말고 물에 소금을 넣어 끓이다가 무청을 데쳐 내어 찬물에 담가 무 냄새가 좀 빠지게 하루쯤 우려 내어 한 끼 먹기 좋은 분량으로 각각 담아 냉동시켰다가 쓴다.

서울에서는 김장철 무가 쌀 때 무청을 데쳐 내어 말렸다가 먹고 싶을 때 삶아서 쓰곤 하는데 말린 시래기 삶은 냄새는 좀 고약하지.

도라지나물

준비

도라지 1양재기, 간장, 식용유, 파, 마늘 다진 것, 후춧가루, 실고추

만들기

마른 도라지는 미지근한 물에 담가 놓았다가 젓가락 굵기로 찢어 놓는다. 젖은 도라지일 경우는 굵은 소금에 바락바락 주물러 잠시 두었다가 물을 부어 쓴 물을 뺀다.

냄비에 식용유 · 간장 · 집간장 각 1큰술을 넣고 끓으면 준비해 놓은 도라지를 넣고 볶는다. 볶을 때 고깃국물을 조금씩 넣어 가며 도라지가 살캉하게 익을 때까지 볶고 파를 넣어 한 번 뒤적이고 후춧가루와 깨소금 · 실고추 · 참기름을 넣어 낸다.

참고

다른 집에선 보통 도라지를 소금에 하얗게 볶는데 우리 집은 간장에 볶는다. 그게 입에 배서인지 늘 간장에 하게 되지.

원래 볶는 것은 삶아서 쓰고, 생채는 소금에 주물러서 하는데, 삶아서 볶으면 너무 물렁해서 난 싫던데 그것은 너희 입맛에 맞게 하거라.

가끔은 다진 고기에 갖은 양념을 해서(설탕은 아주 조금만 넣고) 볶다가 도라지를 넣고 볶으면 맛이 있지.

오이뱃두리

준비

오이, 갈아 놓은 고기(불고기 양념장), 실고추

만들기

오이는 잘 씻어서 2밀리미터 두께로 썰어 놓은 후 소금을 뿌려서 절여 놓는다. 오이 썬 것 4컵에 꽃소금 2큰술을 넣어 절인다.

갈아 놓은 고기 1/2컵에 불고기 양념을 하여 잠시 재어 둔다.

오이가 다 절었으면 자루에 넣거나 헝겊에 싸서 꼭 짠다. 먹어보아 아자작할 때까지 짜야지 덜 짜면 맛이 없다. 너무 짜면 오이맛이 없어져 버리니까 반드시 아작할 때까지만 짤 것. 너희들이 짜면 손목이 아프니까 남편한테 도움을 청해라.

양념한 고기를 볶아 고깃국물이 반쯤 조려졌을 때, 꼭 짜 놓은 오이를 넣고 볶아 오이색이 더 선명하게 파랗게 되면 실고추를 넣고 한 번 더 뒤적이고 참기름을 조금 넣고 불을 끈다. 나중에 깨소금을 위에 더 뿌려도 좋고.

참고

오이 절여진 것을 먹어 보아 너무 짜면 물에 씻어서 자루에 넣어 짜면 된다. 소금을 덜 넣었으면 소금을 더 넣고 잘 절여진 후에 짜야지 덜 절여진 것을 짜면 풋내가 난다.

꼭 짜 놓은 오이를 먹어 보아 너무 짜든가 싱겁든가 하면 고기에 양념을 할 때 간장으로 조절해서 맛을 내거라.

오이무침

준비

오이, 소금, 식초, 설탕, 고춧가루, 파, 깨소금

만들기

오이를 될 수 있으면 가는 것으로 준비하여 껍질에 있는 가시는 떼어 내고 잘 씻는다. 씻은 오이를 반으로 길게 잘라 2밀리미터의 두께로 어슷어슷하게 썰어 놓는다.

양념장을 만든다(썬 오이가 1컵 반 정도일 때 소금 1작은술, 식초 3작은술, 설탕 5작은술). 위의 양념을 설탕이 녹게 잘 섞은 후 썰어 놓은 오이에 넣어 무친다.

간이 어우러졌으면 고춧가루 1큰술을 넣고 다진 파·깨소금 각 1큰술을 넣어 다시 무친다.

참고

날로 오이를 무칠 때는 마늘은 안 넣는 것이 더 좋더라.

오이는 될 수 있으면 가늘어야 씨가 없어서 좋고. 가끔 쓴 오이가 있으니까 꼭지쪽을 조금 잘라 맛을 보고 썰어야 한다.

김치가 없을 때 이렇게 무쳐 먹으면 좋단다.

무생채

준비

무, 설탕, 소금, 식초, 고운 고춧가루, 파 다진 것, 깨소금

만들기

채친 무 2컵에 꽃소금 1큰술을 넣고 절인 후 살짝 짜 놓는다. 절여 놓은 무에 고운 고춧가루 1작은술로 곱게 물을 들인다.

식초 1큰술, 설탕 2큰술을 섞어 설탕이 다 녹은 후 무에 넣고 잘 섞는다. 파 다진 것과 깨소금을 넣고 무쳐 낸다(생강즙을 두어 방울 떨어뜨리면 더 좋다).

참고

무는 5센티미터 정도로 토막을 친 후 1밀리미터 정도의 두께로 저며 놓고(가로로), 오이 · 당근은 채 썰어 식촛물(식초 1큰술, 소금 1/2작은술, 설탕 1큰술, 물 1큰술)에 모두 담갔다가 간이 다 배면 무에 당근과 오이를 넣고 돌돌 말아 이쑤시개로 꼭 찔러서 접시에 담고 절였던 물을 끼얹어 낸다. 튀김요리 먹을 때 같이 먹으면 산뜻하지.

재료는 모두 합쳐 1컵 넉넉할 정도면 위의 식촛물 분량이다. 식촛물에 생강즙 1작은술쯤 넣으면 무 냄새도 안 나고 좋다.

절인 무를 너무 꼭 짜면 맛이 덜하다. 식초는 화이트식초가 좋고 강초 1에 물 3을 섞어서 쓰면 상큼한 맛이 난다.

시금치나물

준비

시금치, 초고추장, 파, 깨소금

만들기

시금치를 다듬어서 물에 씻은 후 물 2컵에 소금 1큰술 비율로 물을 끓여 시금치를 데쳐 내어 찬물에 헹구어 소쿠리에 건져 놓는다.

시금치 데칠 때엔 씻어 놓은 시금치를 끓는 물에 넣으면서 불을 끄고 한 번만 뒤적이면 된다. 끓을 때까지 두면 너무 물러서 싱싱한 맛이 없다.

시금치 데친 것 1컵이면 고추장 2큰술, 식초 1큰술, 꿀 1큰술을 잘 섞어 맛을 보아 너무 싱겁든가 달든가 하면 소금을 조금 넣어 초고추장 맛을 맞게 만들어 시금치를 무친다. 덜 달면 설탕을 조금 넣고. 위에 적은 계량이면 맛이 비슷할 거다.

잘 섞어졌으면 파와 깨소금을 넣어 마감한다.

참고

대개는 소금에 그냥 무치는데 우리는 신 것을 좋아해서 초고추장에 무치지. 소금에 무칠 때는 식초도 안 넣고 파 · 마늘 · 깨소금 · 참기름 · 화학 조미료를 넣고 무치던데 너희 남편은 마늘이나 화학 조미료를 넣고 무친 것을 먹으라고 하면 글쎄다. 도라지 · 쑥갓 · 실파 등도 이렇게 초고추장에 무치면 맛이 있다.

소금에 무치려면 데친 시금치 1컵에 볶은 소금 1/2작은술과 참기름 1작은술을 넣어 무친 다음 다진 파 2작은술과 깨소금 1큰술을 넣어 다시 섞는다. 고춧가루는 넣지 않는 것이 좋다.

잡채

준비

고기, 당면, 표고버섯, 느타리버섯, 목이버섯, 양파, 당근, 도라지, 오이, 배, 파, 마늘, 생강, 간장, 식용유, 깨소금, 참기름, 후춧가루, 소금, 설탕, 꿀

만들기①(전통 한국식)

될 수 있으면 기름이 없는 쇠고기를 사다가 6센티미터 정도의 길이로 토막을 낸 후 가늘게 채를 썬다. 먼저 그릇에 양념장을 만든다.

양념장:

간장 3큰술, 설탕 2큰술, 꿀 1큰술(꿀이 없으면 설탕을 1/2큰술 더 넣으면 된다), 배즙이 있으면 2큰술 넣으면 좋고 없으면 청주 1큰술, 참기름 1큰술, 깨소금 1큰술, 후춧가루 1/2작은술, 다진 파 2큰술, 생강즙 1작은술, 다진 마늘 1작은술을 섞어 양념장을 만든다.

채로 썬 고기 200그램(1컵)에 위의 양념장 만들어 놓은 것을 반만 넣어 손으로 잘 주물러 놓는다.

간이 뱄으면 프라이팬을 뜨겁게 달군 후 재빨리 볶아 낸다. 너무 오래 볶아서 고깃국물이 없어지면 맛이 없으니까 고기색이 변하면 불을 끄고 다른 그릇에 꺼내 식힌다.

당면은 미지근한 물에 담가 약간 부드러워지면 7센티미터 길이로 잘라 2컵 정도가 되게 준비한다. 물 4컵에 식용유와 간장을 각 1큰술 넣고 끓이다가 잘라 놓은 당면을 삶아 말갛게 되면 건져 뜨거울 때 참기름과 소금을 약간 뿌려 붙지 않게 버무려 놓는다.

표고버섯은 따뜻한 물에 담가 불으면 기둥을 떼어 내고 가늘게 채로 썬다. 버섯이 너무 두꺼우면 얇게 저민 후 채로 썬다. 채썬 표고버섯 1/4컵에 간장·설탕·참기름 각 1/2큰술, 후춧가루 약간을 넣어 주무른 후 중간 불에서 볶아 낸다.

목이버섯은 따뜻한 물에 불려 잎이 크면 썰고 작으면 먹기 좋은 크기로 잘라 프라이팬에 기름을 두르고 볶아 낸다. 1/3컵 정도면 꽃소금을 1/2작은술, 후춧가루 약간을 넣으면 된다.

느타리버섯은 소금물에 삶아 찬물에 헹군 후 가늘게 찢어서 살짝 짠 후 소금·후춧가루·참기름을 넣어 잘 주무른 후 달군 팬에 볶아낸다. 1/3컵이면 적당하다.

양파는 반으로 자른 후 길이로 채를 썰어 1컵을 만든 후 팬에 기름을 1작은술 두르고 썬 양파와 꽃소금 1작은술을 넣어 볶는다. 불이 너무 세면 타니까 중간보다 약한 불에서 볶고 타는 듯하면 물을 1큰술씩 넣어 가며 볶는다.

오이는 4센티미터 길이로 썬 후 돌려깎기로 깎든지 아니

면 껍질 쪽을 돌려 가며 자른 후 채로 썰어 2컵이 되면 꽃소금 1큰술을 넣어 절인다. 다 절면 헝겊으로 꼭 짜서 팬에 기름을 1작은술 두르고 약간 센 불에서 재빨리 볶아 낸 후 넓은 그릇에 펴서 식힌다.

당근은 4센티미터 길이로 자른 후 채로 썰어 1컵이 되면 꽃소금 2작은술을 넣어 절였다가 꼭 짠 후 팬에 기름을 두르고 중간 불에서 볶는데 물을 조금씩 넣어 가며 볶은 후 넓은 그릇에 담아 식힌다.

도라지 1컵을 4센티미터 길이로 자른 후 끓는 소금물에 데쳐 찬물에 헹궈 가늘게 채 썬다. 팬에 기름을 두르고 기름이 뜨거워지면 마늘 1/2작은술과 채썬 도라지를 넣고 꽃소금 1작은술을 넣고 볶는다. 다 볶아졌으면 다진 파와 깨소금·후춧가루로 양념한다.

위의 재료가 다 준비됐으면 먼저 큰 그릇에 당면을 넣고 양념장 만든 것 1큰술을 넣어 무친 후 볶은 고기와 준비해둔 모든 재료를 섞는데 이때 배가 있으면 채로 썰어 섞으면 맛이 있다. 고명을 더하고 싶으면 계란지단과 석이버섯, 잣가루를 뿌리면 더욱 좋고.

참고

채소는 소금에 절였다가 꼭 짜서 볶기도 하지만 그냥 날로 기름 두른 팬이 뜨거워지면 채소를 한 가지씩 소금·후추를 넣고 물을 조금씩 넣어 가며 볶는다. 기름을 많이 두르면 채소 색깔이 누렇게 되어 보기도 좋지 않고 느끼해서 맛이 없으니까 기름은 조금 넣고 물을 한 숟가락씩 넣으며 볶도록.

고기는 살짝 볶아야 맛이 있고. 살짝 볶으면 아무래도 물이 생기게 되는데, 그 고깃국물을 무쳐 놓은 당면에 넣으면 당면이 맛이 있지. 채소 볶아 놓은 것을 먼저 넣으면 채소 색깔이 죽게 된다. 당면은 기름과 간장을 먼저 넣고 삶으면 간도 배고 불지도 않고 색깔도 좋지. 이렇게 한국식으로 하면 담박해서 좋긴 한데 일손이 좀 많이 가는 게 흠이다. 손님이 많이 오실 때는 미리 다 볶아 두었다가 상에 낼 때 함께 섞기만 하면 쉽고 좋지. 계란지단 남은 게 있으면 고명으로 위에 얹어도 좋고.

표고버섯 불렸던 물은 국이나 찌개에 넣으면 좋으니까 표고버섯을 담글 때는 반드시 한 번 씻어서 담글 것. 급히 써야 하는데 불릴 시간이 모자라면 뜨거운 물에 설탕을 한 수저 넣고 불리면 빨리 붇는다. 불린 것이 너무 많으면 비닐 봉지에 넣고 물을 넣어 냉동시키면 돼. 생표고를 쓰다가 남으면 말려 두고 쓰면 좋고.

만들기②(중국식)

재료는 한국식과 같고 다른 건 부추를 더 넣는 것이다.

모든 재료를 다 준비해 놓고 중국 냄비(wok)를 불에 뜨겁게 달군 후 기름을 3~4 큰술쯤 되게 넉넉히 붓고 다진 마늘을 볶다가 길게 썰어 놓은 파를 넣고 기름에 양념향이 배면 고기를 볶고 고기가 거의 익었을 때 표고버섯과 있는 다른 버섯도 넣고 볶는다. 부추만 빼고 다른 채소를 굳은 정도에 따라 넣어 볶는다.

채소가 다 익었으면 물에 담가 불려만 놓았던 당면을 넣어 익히는데, 이때 국물이 없으면 고깃국물을 조금 넣어 당면이 익기까지 볶고 당면이 다 익으면 간장을 넣는다. 잡채 만들어 놓은 게 3컵정도 되면(눈대중으로) 간장을 2큰술쯤 넣으면 간이 맞을 거다.

간을 맞춘 후 썰어 놓은 부추를(5~7센티미터) 넣고 한 번 더 뒤적인 후 참기름을 조금 넣고 그릇에 담는다. 고기·채소 등을 다 준비해 놓으면 5~10분이면 요리가 다 되니까 바쁠 때 음식을 해야 한다든가 하면 미리 준비해서 냉장고에 넣어 두었다가 만들면 되지.

참고

채소는 당근·양파·호박·피망 등의 순서로 넣으면 되고 아무 채소나 있는 것을 이용해서 넣으면 돼. 이름이 잡채니까. 콜리플라워나 브로콜리를 넣어도 좋은데 이런 것은 좀 딱딱하니까 고기가 익을 때쯤 넣어야 할 거다.

돼지고기와 부추·당면을 넣고 간장으로 간맞추어 만들면 부추잡채가 되고, 고기하고 고추만 넣으면 고추잡채가 되고 재료를 봐서 응용을 하면 얼마든지 될거다. 요리 창작법으로 말이다.

중국 잡채는 고영자 아줌마가 텔레비전의 요리 시간에 배웠다며 가르쳐 주셨는데 급할 때 해먹기가 좋아서 가끔 애용한다.

떡볶이

준비

가래떡, 고기, 양파, 당근, 표고버섯, 느타리버섯, 미나리, 간장, 소금, 실고추, 설탕, 파, 마늘, 깨소금, 참기름, 후춧가루, 식용유

만들기

가래떡은 5센티미터의 길이로 잘라 반을 가른 후 그것을 다시 4등분해 놓는다. 굵은 가래떡은 8등분이 되도록 가늘게 자르고 떡볶이떡을 쓸 경우에는 4등분한다.

떡이 딱딱할 경우에는 끓는 소금물에 식용유를 1작은술 부어 썰어 놓은 떡을 데쳐 쇠조리에 밭여 낸 후 참기름과 실고추를 넣어 섞어 놓는다(물 1컵에 꽃소금 1큰술).

고기는 5센티미터의 길이로 자른 후 얇게 저며 채로 썰어 갖은 양념을 한다.

썰어 놓은 고기 1컵일 때(200그램):

간장 1큰술, 집간장 1작은술, 설탕 1큰술, 꿀 1작은술, 다진 파 1큰술, 다진 마늘 1작은술, 생강즙 1/2작은술, 깨소금·참기름 각 1작은술, 후춧가루 약간.

양파는 껍질을 벗기고 한 장씩 떼어 고르게 채썰어 반컵을 만든다.

불에 팬을 얹어 뜨거워졌으면 기름을 1작은술 두르고 양파를 넣고 꽃소금 1/2작은술과 후춧가루를 조금만 넣어 볶아졌으면 꺼내 식힌다.

당근은 4~5센티미터의 길이로 잘라 가늘게 채썰어 볶는다. 채썬 당근 반컵일 때 식용유 1작은술, 꽃소금 1/2작은술을 넣고 물을 쳐가며 볶는다.

미나리는 잘 씻어 5센티미터의 길이로 썰어 놓는다. 썰어 놓은 미나리 1컵일 때 식용유 1작은술과 꽃소금 1/2작은술을 넣어 볶아 식혀 놓는다.

느타리버섯은 끓는 소금물에 데쳐 가늘게 찢어 물기를 짠 후 볶는다(느타리버섯 1/3컵에 꽃소금 1/2작은술, 다진 파 1작은술, 식용유 1작은술).

표고버섯은 물에 불려 기둥을 뗀 후 가늘게 채썰어 아래의 양념에 볶는다(채썬 버섯 1/4컵일 때 간장 1작은술, 설탕·참기름 각 1/2작은술, 후춧가루 약간).

팬을 불에 얹어 뜨거워지면 참기름을 약간만 두르고 양념한 고기를 볶다가 물이 생기면 준비해 둔 떡을 넣어 섞는다. 다른 채소와 버섯 볶은 것과 함께 합쳐 무친다. 깨소금을 조금 더 넣고 고명을 하고 싶으면 지단채를 얹는다.

참고

미나리는 초대를 부쳐 넣어도 좋단다. 볶아 놓은 채소의 간이 각각 잘 맞아야 맛이 있는데 볶다가 하나씩 맛

겉절이

을 보아 싱거우면 소금을 조금 더 넣고 고기와 떡 볶을 때 맛을 보아 불고기 양념장을 더 넣어 간을 맞추렴.

정초에 손님이 많이 오실 때는 채소와 버섯은 따로 볶아 두고 상에 내기 직전에 고기 양념해 두었던 것과 떡만 따로 볶아 분량만큼씩 내면 되고. 떡은 위와 같이 준비해서 따뜻한 곳에 두고 쓰면 좋지.

준비

양상추 또는 그냥 상추, 로만 레터스도 좋고 쑥갓, 알파파, 무순, 실파, 깻잎, 양송이, 민들레, 무슨 채소든 날로 샐러드를 할 수 있는 거면 된다.

만들기

간장 · 식초 · 설탕 · 멸치액젓 각 2큰술에 고춧가루 · 깨소금 각 1큰술을 넣어 양념장을 만들어 준비해 놓은 채소에 버무린다.

미국식 느끼한 드레싱보다 칼칼해서 좋을거다. 이 양념장은 따로 만들어 놓았다가 먹기 직전에 뿌려야 한다. 기름을 넣으면 맛이 없으니까 기름은 안 넣는 게 좋고.

참고

일본식 된장 드레싱을 적어 줄 테니까 입맛 따라 해먹도록.

일본 된장 4큰술
설탕 2큰술
식용유 2큰술
쌀식초 3큰술
참기름 1큰술
소금 · 후추 각 1/2작은술

이것을 블렌더에 넣어 잘 섞어 놓고 채소에 섞을 때 깨소금을 뿌려 낸다. 일본식 드레싱은 응구 어머니께서 알려 주셨다.

밤무침

준비

밤, 오이, 양파, 소금, 식초, 설탕, 깨소금, 고춧가루

만들기

밤은 겉껍질과 속껍질을 벗겨 물에 씻은 후 색깔이 변하지 않게 물에 담가 둔 다음 2밀리미터의 두께로 나박나박 썬다.

오이는 밤과 비슷한 크기로 껍질쪽만 썰어 놓는다.

양파도 밤과 비슷한 크기로 썰어 놓는다.

양념장을 만든다.

썰어 놓은 밤 1컵, 썬 오이 3/4컵, 썬 양파 1/4컵일 때: 볶은 소금 1작은술, 식초 1큰술, 설탕 5작은술, 고춧가루 2작은술, 깨소금 2작은술, 다진 파 1큰술.

분량의 양념장을 만들어 먼저 썰어 놓은 밤에 섞고 오이와 양파를 넣어 섞는다. 위의 양념장에서 깨소금과 파는 제일 나중에 넣는다.

참고

여기에 달래를 넣어도 맛이 있단다. 쇠고기 편육이 있으면 밤과 같은 크기로 썰어 넣어도 씹히는 맛이 있어서 좋지.

볶은 소금 대신 꽃소금을 넣을 경우에는 1큰술은 넣어야 되지.

마늘은 안 넣는 것이 더 담박하더라.

호박나물

준비

호박, 풋고추, 새우젓, 파, 마늘, 고춧가루, 깨소금, 참기름

만들기 ①

호박을 5센티미터 길이로 자른 다음 돌려깎기 한 후 채를 썰어 소금을 뿌려 놓는다. 풋고추는 씨를 털어 내고 호박과 같은 크기로 썬다.

팬이 달구어진 후에 들기름을 1큰술 두르고 절여 놓았던 호박을 꼭 짜서 볶는다. 이때 다진 마늘 1작은술과 풋고추도 함께 볶는다. 맛을 보아 싱거우면 새우젓국 1/2작은술을 넣어 간을 맞춘다.

다 된 후에 다진 파 1큰술, 고춧가루 또는 실고추 약간, 깨소금 1큰술을 넣고 참기름을 넣어 무친다.

참고

호박이 너무 짜게 절면 씻어야 하는데 씻으면 단맛이 다 빠지니까 약간 싱겁게 절이는 것이 좋고(호박 채썬 것 1컵에 꽃소금 1작은술이면 간이 맞을 게다).

새우젓이 싫으면 소금을 조금 넣어 볶아도 된다.

만들기 ②

또 다른 방법으로는 조선호박 둥근 것을 6~8등분해서 다시 가로로 먹기 좋은 크기로 썬 후 기름에 마늘을 넣고 볶다가 호박을 넣는다. 호박이 파랗게 되면 새우젓을 넣어 간을 맞춘 후 불을 조금 약하게 하고 호박이 물렀으면 파를 넣고 불을 끈 후 고춧가루와 깨소금으로 양념한다. 식성에 따라 참기름을 조금 더 넣어도 되고.

감자나물

준비

감자, 풋고추, 양파, 마늘, 파, 식용유 또는 들기름, 소금, 후춧가루, 깨소금

만들기

찬물 2컵에 굵은 소금 2큰술을 넣어 소금물을 만든다.

큰 감자 2개를 껍질을 벗기고 감자눈은 도려 내고 채로 썬 다음 위의 소금물에 15분 정도 담가 둔다(주먹만한 감자 2개면 2컵이 약간 넘는다).

풋고추는 5개 정도를 씨를 털어 채를 치고 중간 크기의 양파는 1/2개를 채로 썰어 놓는다. 감자가 부드러워지면 찬물에 헹궈 소쿠리에 담아 건진다.

냄비나 프라이팬을 불에 얹어 뜨거워지면 식용유나 들기름 1큰술을 두르고 다진 마늘 1작은술을 넣은 후 절여서 씻어 놓은 감자와 양파를 넣어 볶는데 이때 물 반컵을 3~4번으로 갈라 넣는다.

감자가 말갛게 다 익었으면 썰어 놓은 풋고추를 넣어 고추가 파랗게 되면 불을 끄고 다진 파 1큰술을 넣어 섞은 후 후춧가루와 깨소금을 뿌린다.

참고

감자를 소금에 절여 꼭 짜서 볶으면 더 부드럽지만 짤 때 잘 부서지는 게 흠이지. 감자를 소금물에 절여 쓰면 녹말이 씻기기 때문에 냄비에 붙지 않아 좋단다.

볶을 때 물을 조금씩 쳐 가며 볶아야 잘 익는다. 뚜껑을 닫고 익히면 감자가 잘 부서지니까.

도토리묵

준비

도토리묵, 양념장, 깻잎, 오이

만들기

도토리묵을 가로 5센티미터, 세로 3센티미터, 두께 1센티미터 정도 되게 썰어서 접시에 담고, 참기름을 바르고 소금을 뿌려 둔다.

양념장은 간장 3큰술, 파 3큰술, 마늘 다진 것·식초·설탕 각 1/2작은술, 고춧가루 2작은술, 깨소금 2작은술을 넣어 만든다.

참고

도토리묵을 접시에 담을 때 밑에 깻잎을 깔아도 되고, 깻잎을 가늘게 썰어서 참기름 바른 묵 위에 얹은 다음 양념장을 끼얹어도 된다.

나는 양념장에 식초를 조금 넣는데 그렇게 하니까 간장 특유의 냄새가 조금 없어지고, 식초를 넣은 데다 설탕을 조금 넣으니까 맛이 더 좋은 것 같던데 너희들 입맛에 안 맞으면 고쳐도 되고. 사실 나는 도토리 양념장에는 마늘을 넣지 않는데, 넣어야 된다고 아줌마도 윤정 엄마도 이야기를 해서 썼다.

도토리묵 쑤는 법

도토리묵을 보통은 잘 사다 먹는데, 다른 가루를 섞어서 만든 묵이 많아 나는 꼭 집에서 쑨다. 양념맛이지 묵이 무슨 맛이 있느냐고 하는 분들도 계시지만 쫀득거리게 쒀 놓으면 이 묵은 맛이 있다고 하니까. 묵가루를 가지고 한 번 묵을 쒀서 맛있는 묵이 되면 신기하기도 하고 대견스러울 때도 있으니까 여기 적는다.

묵가루 1컵에 물 6컵을 붓고 잘 저은 후 잠시 두었다가 체에 밭여 묵을 쑨다. 눋지 않게 주걱을 냄비 밑까지 닿게 계속 젓고, 끓기 시작하면 불을 줄이고 한 번 더 저어 뚜껑을 닫고 뜸을 들이는데 1~2분에 한 번씩 젓고 뚜껑을 닫고 하는 식으로 묵을 쑨다.

뜸을 오래 들일수록 묵이 차지게 되는데 최소 25분은 뜸을 들여야 돼. 나는 어떤 때는 40분 정도 들이지.

뜸이 거의 다 들면 소금을 조금 넣어 간을 맞추고. 묵가루 한 컵 쑬 때 소금 2작은술 정도면 간이 맞을게다.

다 쑨 묵은 네모난 그릇을 찬물로 한 번 헹궈 거기에 담아 서늘한 곳에서 식히면 된다. 냉장고에 묵을 넣으면 맛도 없어지고 묵이 똑똑 갈라진다. 급하면 그릇에 찬물을 담고 그 물을 자주 바꾸면 된다.

서양 사람들은 묵 종류를 덜 좋아하더라.

청포묵

준비

청포묵, 고기, 미나리, 숙주, 오이, 계란, 파, 마늘, 참기름

만들기

묵은 썰어서 2컵을 준비하고 고기는 결대로 채를 쳐서 1/2컵을 불고기 양념장에 재어 둔다.

미나리는 연한 부분만 소금물에 데쳐 찬물에 헹궈 손가락 두 마디만큼씩 썰어 미나리 1/2컵에 소금 1/2작은술을 넣어 무친다.

숙주는 머리와 꼬리를 따서 소금물에 데쳐 내어 간장·식초·설탕을 섞은 물에 무쳐 둔다(숙주 1컵에 간장·설탕 각 2작은술, 식초 1작은술).

오이는 돌려깎기로 깎아서 식초·소금·설탕물에 무쳐 둔다(썬 오이 1컵에 식초 3작은술, 설탕 5작은술, 소금 1작은술).

묵을 젓가락 굵기로 썰어 고기와 위의 채소를 넣어 무치면 되는데, 썬 묵 2컵에는 참기름 2작은술과 소금 약간을 골고루 무쳐 섞어 놓은 후 고기와 채소를 한데 넣어 섞으면 된다.

숙주는 거두절미(머리와 꼬리를 땀)해야 하니까 일이 좀 많다. 숙주를 안 넣고 미나리나 오이 둘 중 하나를 넣으면 된다.

보기 좋게 하려면 계란 지단을 부쳐 모양을 내도 되고. 김을 살짝 구워 부스러뜨려 묵 무친 것 위에 뿌려도 좋다.

청포묵 쑤는 법

묵가루 1컵에 물 7컵이면 된다. 묵가루 1컵에 물 4컵을 부어 잘 섞이게 해 놓고 냄비에 물 3컵을 끓인다.

물이 끓기 시작하면 묵가루 섞은 물을 체에 한 번 밭여서 끓는 물에 넣어 묵을 쑨다. 끓기 시작하면 불을 줄이고 주걱으로 밑이 눋지 않게 잘 저으며 최소 15분은 더 끓여야 한다. 묵을 쑬 때 주의할 점은 기름기가 닿으면 묵이 잘 안 되니까 조심하고 다 쑨 후에는 소금을 조금 넣어야 간이 맞는다.

묵을 사다가 쓰면 편한데 묵가루 파는 것이 많으니까 쑤는 법을 알아 두는 것도 좋을 것 같아 적어 보낸다.

잘라서 쓰고 남은 묵이 굳었을 때는 끓는 물에 데치면 맛이 똑같아지니까 버리지 말고.

한약을 먹고 부작용이 있을 때는 진짜 녹두묵을 먹으면 괜찮아지니까 알아 두도록 하고, 대신 한약 먹을 때는 녹두묵을 먹으면 약효가 없어진다고 하더라. 녹두 빈대떡도 그렇고.

취나물

준비

취, 간장, 마늘, 파, 깨소금, 후춧가루, 식용유, 참기름, 고깃국물

만들기

취는 끓는 물에 소금을 약간 넣고 데쳐 놓는다.

데쳐 꼭 짜 놓은 취가 한 양재기면(4컵 정도) 아래의 양념장을 만든다(간장 1큰술, 집간장 1큰술, 다진 마늘 1큰술, 식용유 1큰술, 후춧가루 약간).

그릇에 위의 양념을 섞어 놓은 후 취를 넣어 무쳐 놓는다.

냄비에 식용유를 1큰술 넣고 무쳐 놓은 취를 볶는다.

어느 정도 볶아지면 고깃국물을 1/2컵 정도 붓고 중간 불에서 끓인다. 가끔 뒤집어 주면서 고깃국물이 거의 다 없어지면 길게 썬 파를 넣고 뚜껑을 닫고 불을 끈다.

파가 숨이 죽었으면 참기름·깨소금을 넣고 무친다.

참고

말린 취를 쓸 경우에는 찬물에 취를 담가 두었다가 제물째 불에 얹어 끓으면 불을 끄고 물이 식은 후 찬물에 우려서 쓰렴.

고기를 다져서 갖은 양념을 해서 볶다가 취를 함께 볶아도 맛이 있지.

취를 데쳐 냉동시켰다가 써도 되고 데친 취가 많으면 햇볕에 말려 두었다가 써도 좋다.

보름나물

준비

무, 숙주, 콩나물, 고사리, 도라지, 시금치, 취나물, 호박오가리, 시래기, 파, 마늘, 생강, 참기름, 깨소금, 식용유, 간장, 소금, 고춧가루, 후춧가루, 실고추

만들기

무는 잘 씻어 5~6센티미터로 토막을 낸 후 채로 썰어 식용유나 들기름을 넣고 볶다가 살캉하게 익으면 물을 자작하게 붓고 소금, 다진 마늘과 생강즙을 넣고 끓인다.

무가 무르게 익었으면 다진 파와 깨소금을 넣어 무친다. 채썬 무 2컵이면 꽃소금 1작은술, 생강즙 1/2작은술을 넣으면 적당하다.

숙주나물은 꼬리를 따고 잘 씻어 끓는 소금물에 데쳐 소쿠리에 밭여 물기를 뺀 후 소금·다진 파·다진 마늘·깨소금·실고추를 넣고 무친다. 데치지 않은 숙주나물 3컵일 때 꽃소금 1작은술이면 된다.

콩나물 4컵은 꼬리를 따고 잘 씻어 식용유 1큰술과 다진 마늘 1작은술, 소금 1작은술을 넣어 볶다가 뚜껑을 닫고 7분간 익힌 다음 다진 파 1큰술을 넣어 잠시 둔 후 깨소금 1큰술과 참기름 1작은술, 고춧가루나 실고추 약간을 넣어 무친다.

고사리는 5~6센티미터로 잘라 잘 씻은 후 간장·다진 마늘·식용유·후춧가루를 넣어 잘 주물러 볶다가 국국물을 자작하게 붓고 뚜껑을 닫고 조린다. 가끔 뒤집고 국물이 거의 조려졌으면 길게 썬 파를 넣고 뚜껑을 덮고 파가 숨이 죽으면 참기름·깨소금·고춧가루 또는 실고추를 넣어 무친다. 다듬은 고사리 3컵 정도일 때 간장·식용유 각 2큰술이면 적당하다. 취나물·호박오가리도 고사리와 같은 방법이다.

도라지는 5~6센티미터로 잘라 소금에 비빈 후 찬물에 담가 쓴 물을 빼고 볶는다. 프라이팬에 식용유와 다진 마늘을 넣고 도라지를 볶다가 고깃국물을 넣고 살캉하게 익을 때까지 볶고 다진 파를 넣고 한 번 뒤적인 후 후춧가루·깨소금·실고추·참기름을 넣는다.

삶은 시래기는 껍질을 벗기고 5~6센티미터로 잘라 된장·멸칫가루·다진 마늘·식용유를 넣어 손으로 잘 주무른 후 냄비에 넣고 볶다가 국물을 자작하게 붓고 중간 불보다 약한 불에서 서서히 조린다.

거의 조려진 후에 어슷 썬 파를 넣고 깨소금·참기름·고춧가루를 넣어 무쳐 낸다(삶은 시래기 3컵에 된장·멸칫가루 각 1큰술).

시금치는 소금물에 데쳐 찬물에 헹궈 꼭 짠 후 소금·파·깨소금·참기름·다진

마늘을 넣고 무친다.

참고

오곡밥과 너비아니 · 김구이 · 곰국 등을 함께 먹는다.
아침에는 귀밝이술과 부럼을 깨물어 먹으면 한 해 동안 부스럼이 나지 않는다고 하는데 옛날에는 영양분이 부족하여 그날 하루만이라도 견과류를 먹어 영양을 보충했었던 것 같다.
정월 대보름 전날 일찍 오곡밥과 나물 등을 만들어 이웃들과 나누어 먹었는데 아홉 번 먹고 나무도 아홉 짐을 해야 한다고 하더라.
묵나물이라고 하는 것은 묵은 나물이라는 말이란다.

11 김치

한국 하면 김치를 떠올릴 만큼 우리 나라의 대표적인 음식은 김치라고 생각한다. 누구네 집에서든 김치를 담가 먹고, 어느 집이든 가서 김치맛과 장맛을 보면 그 집의 음식 솜씨를 알 수 있다지 않니?

아이들이 요사이 김치를 잘 안 먹는다고들 하는데 엄마들이 대충대충 아무렇게나 김치를 담가 주든지, 하기 싫으면 사다가 주니까 안 먹는 거라고 생각한다.

김치를 맛있게 담그려면 고춧가루부터가 맛이 좋아야 하지. 간을 잘 맞추고.

마늘과 생강은 되도록 적게 넣는 것이 좋다. 특히 너희들은 항상 외국인을 상대하는데 마늘을 많이 넣은 김치를 먹으면 말할 때도 냄새가 나는 것은 물론이고 몸에 냄새가 배게 되지. 마늘은 조금만 덜 넣으면 냄새가 안 나는데 뭐 그렇게까지 많이 넣을 필요가 있겠니? 냄새도 남한테 폐가 될 수 있으니까. “자기네들도 냄새 나는 치즈를 먹으면서”라고 우리 나라 사람들이 반론을 제기할 때가 많은데, 치즈는 먹을 때만 냄새가 나지 먹고 나서 하루 종일 냄새 나는 것은 아니니까.

김옥길 총장 선생님 댁에서는 파·마늘 하나 안 넣고 고춧가루만 넣어 김치를 해도 너무나 맛이 있었지. 간이 맞으면 맛이 있는 거지. 너무 빨갛게 담가서 애들이 눈물을 흘리며 먹게 하지 말 것도 아울러 이야기하고 싶구나.

젓갈을 너무 많이 넣으면 김치가 싱싱한 맛이 없고 꼬랑꼬랑해지니까 젓갈 대신 생새우(냉동 새우도 좋다)를 많이 넣은 게 맛이 좋지. 냉장고에는 익은 후에 넣어야지 미리 넣으면 김치가 냉 맞아서 맛이 없단다. 아이들이 김치를 잘 안 먹는 이유 중의 하나가 또 있는데 늙으면 신 것이 싫으니까 자연 덜 익은 것을 냉장고에 넣고 먹게 되는데 겉절이도 아니고 설익은 김치를 애들이 왜 좋아하겠니? 김치 같은 것을 담글 때 아주 어려서부터 엄마랑 같이 하면 아이가 안 먹거나 하지 않으리라 생각한다.

여기에 적은 김치는 절이는 과정도 쉽고 비교적 만들기 쉬운 김치니까 이것대로 하다 보면 다른 김치도 기본과 간은 같으니 차차 잘하게 될 거야. 30년 이상 김치를 했어도 비슷한 김치는 만들어 봤지만 똑같은 김치는 못 만들었으니까. 배추도, 무도, 날씨도 다 다르고 소금에 절여 씻을 때도 소금기 빠지는 것이 다 다르기 때문이겠지.

깍두기

준비

무 또는 알타리무, 양파, 파, 마늘, 생강, 고춧가루, 설탕, 새우, 소금, 멸치 액젓 또는 액체 육젓

만들기

분량은 아래와 같다.

무 1킬로그램, 양파 썬 것 1/2컵, 액체 육젓 1/4컵, 파, 고춧가루, 새우 다진 것 각 2큰술, 마늘 · 생강 각 1/2작은술, 설탕 1큰술.

무가 아주 딱딱한 것은 절이지 않아도 되고 물이 많게 생긴 것은 절이는데 대강 무 1킬로그램에 꽃소금 1큰술을 뿌려 20분 정도 두었다가 소쿠리에 건져서 소금물을 찌우고 절여진 무에 고춧가루물을 들게 한 다음 액체육젓과 마늘 · 생강 · 새우 다진 것을 넣고, 설탕과 파 · 양파는 맨 마지막에 넣는다.

대강 무 1킬로그램이면 4컵 들이 양재기로 빡 갈라서 두 양재기쯤 될 거다.

무를 절이지 않고 그냥 할 경우에는 액체 육젓 1큰술을 더 넣어야 한다. 젓갈마다 짜기가 다르기 때문에 젓갈의 맛을 보아 양을 가감하도록.

참고

파하고 양파 · 설탕을 나중에 넣는 이유는 이것을 넣고 많이 비벼대면 국물이 끈끈하게 되기 때문이지.

알타리무를 가지고 깍두기를 담아도 맛이 있는데 무잎을 넣으면 시원한 맛이 나지. 무잎은 연한 것으로 골라 잠시 절였다가 헹궈서 파를 넣을 때 함께 넣으면 된다.

절인 것을 먹어 보아 싱거우면 육젓을 조금만 더 넣고, 짜면 깍두기에 육젓을 덜 넣든지. 이미 깍두기에 육젓을 다 넣었으면 잎을 물에 잠시 담가 짠물을 뺀 후 섞으면 된다.

무가 1킬로그램이면 한 번 담글 양으로는 너무 적은데 너희들 계산하기 쉬우라고 적은 것이니 그리 알고.

분량의 액체 육젓에 고춧가루를 섞어 불린 후에 김치를 담그니까 색깔이 더 좋아지더라. 강인희 선생님께 배웠지.

열무김치

준비

열무, 오이(피클 오이면 더 좋다), 풋고추, 마늘 또는 풋마늘, 쪽파, 생강, 고춧가루, 소금, 설탕, 밀가루(밀풀을 쑤기 위함)

만들기

열무를 다듬어 7센티미터 정도의 길이로 잘라 12~15컵 정도는 잘 씻어 물 2컵에 소금 4큰술을 넣은 소금물에 절여 놓는다.

오이는 소금에 문질러 통째로 절여 놓는다. 풋고추는 씨만 털어 씻어 놓는다. 풋마늘과 파는 5센티미터 정도로 썰어 놓는다. 그냥 마늘을 쓸 경우엔 다져 놓는다. 생강도 다져 놓는다.

밀가루풀 쑤기

밀가루 1/4컵, 물 10컵, 볶은 소금 2.5큰술, 설탕 2큰술

물 5컵을 끓이고 다른 그릇에 밀가루와 물 5컵을 섞어 거품기로 잘 저어 끓는 물에 부으면서 끓인다.

말갛게 끓으면 밀가루가 다 익은 거니까 불을 끄고 소금과 설탕을 넣어 간을 맞춘다.

밀풀이 다 식으면 고춧가루 1큰술을 풀고 절여 놓았던 오이는 잘 씻어서 5~6센티미터로 잘라 길이로 4등분한다. 길게 썰든지 열무와 같은 모양으로 썰든지 해서 만들어 놓은 밀풀에 넣고 풋고추·파·마늘·생강 등을 다 섞어 놓는다.

절여 놓은 열무(소금 4큰술)는 제물에 한 번 씻어서 김치 담을 용기에 담든지, 아니면 섞어 놓은 밀풀에 한 주먹씩 담가 용기에 담고 남은 밀풀은 그냥 김치 용기에 다 넣는다.

오이는 열무의 1/4이면 된다. 고추는 4~5개, 마늘, 생강 각 1쪽.

참고

열무는 살살 씻어야지 막 씻으면 풋내가 난다. 3~4번 씻어서 소금에 살짝 절인 후 절인 물에 그냥 헹구도록. 물에 다시 씻으면 간도 안 맞고 풀내가 나기 쉽지.

열무도 좋고, 얼갈이 배추를 같이 섞어서 만들어도 좋다.

풋고추 속에 있는 하얀 속은 맛이 있는 거니까 빼어 버리지 말고 씨만 털어 내는데, 먼저 고추를 두 손바닥으로 비빈 후에 반 갈라 씨를 털면 씨만 잘 털어진다.

오이소박이를 만들어 열무김치 한 켜 넣고 소박이 한 켜 놓고 하면 더 맛있다.

나박김치

준비

무와 배추, 파, 마늘, 생강, 고춧가루, 실고추, 설탕, 미나리가 있으면 좋고.

만들기 ①

무는 2~3센티미터 정도로 썰어 놓는다. 배추는 고갱이 쪽으로 한 잎씩 떼어 무와 비슷한 크기로 썰어 놓는다. 파도 비슷한 크기로 썰고, 마늘·생강은 채 친다. 미나리는 김치가 다 익은 후에 넣도록.

4컵들이 양재기로 무 한 양재기와 배추는 2/3양재기 정도로 해서 볶은 소금 1큰술, 실고추를 넣어 고춧물을 들이고, 다른 그릇에 미지근한 물 12컵에 볶은 소금 3큰술, 설탕 2큰술을 넣어 잘 저은 후 고춧가루 3큰술을 거즈 수건이나 고운 체에 밭여 고춧물을 곱게 들인 다음 그 물을 절여 놓은 무에 붓는다.

마늘·생강은 헝겊 자루에 넣어 띄우면 좋고, 번거로우면 무와 배추 절일 때 함께 넣으면 된다. 이때 파도 넣도록.

만들기 ②

(국물 있는 나박김치)

준비

무, 배추, 소금, 설탕, 파, 마늘, 생강, 양파, 고춧가루

만들기

무는 3센티미터 길이와 4센티미터 넓이, 2밀리미터의 두께로 썬다. 배추도 무와 비슷한 크기로 썰어 놓는다. 파는 무와 비슷한 길이로 잘라 채썰어 놓는다. 양파는 갈아 놓는다.

무·배추·파·마늘·생강·갈아 놓은 양파를 함께 버무려 용기에 담는다.

미지근한 물에 소금·설탕을 넣어 버무려 놓은 김치 위에 붓는다.

분량:

무와 배추는 비슷한 분량으로 하고 무·배추 합친 것이 4컵일 때:

미지근한 물 6컵에 볶은 소금 2큰술, 설탕 1큰술, 파 1/4컵, 다진 마늘·생강 각 1/2작은술, 양파 간 것 2큰술.

참고

위와 같이 배추·무에 소금으로 간을 하지 않고 물에 간을 하면 나박김치가 물에 동동 뜬다.

거의 다 익은 후에 미나리를 넣어야 미나리 색깔이 곱단다. 양파·마늘·생강은 함께 갈아 넣어도 좋고.

알타리무동치미

준비

알타리무, 소금, 설탕, 파, 마늘, 생강, 따끈한 물

만들기

알타리무 잎이 달려 있는 부분의 지저분한 것은 칼로 손질하고 무의 잔뿌리 등을 떼어 내고 큰 잎은 다듬고 좋은 줄기는 그냥 둔 채 잘 씻어 놓는다.

알타리무가 석 단 정도일 때(딤채 김치통 1통 분량) 볶은 소금 4큰술과 설탕 4큰술을 섞어 놓는다.

김치 담을 용기에 잘 씻은 알타리무를 한 켜 놓고 위의 섞어 놓은 소금·설탕을 뿌리고 다시 무를 놓고 소금·설탕을 뿌려 무와 소금·설탕을 다 켜켜로 놓는다.

이렇게 만들어 놓은 지 꼭 하루 만에 물을 끓여 식혀 손으로 만져 보아 따끈할 때 아래의 국물을 붓는다.

따끈한 물 16컵, 볶은 소금 4큰술(1/4컵), 설탕 4큰술을 넣어 잘 섞은 후 절였던 알타리무에 붓는다.

따끈한 물을 붓고 난 후 마늘과 생강을 저며 넣고 (각 3~4쪽 정도), 쪽파는 우거지같이 위에 놓는다(마늘·생강은 헝겊에 싸서 넣으면 더 좋다).

참고

먹을 때는 무의 껍질을 벗기고 썰어 그릇에 담을 때 옆에 무청도 함께 썰어 넣고 국물을 부어 내도록.

따끈한 물을 무 절인 지 만 24시간 후에 부어야 동치미 국물이 짜릿하고 맛이 있단다.

파는 쪽파가 좋고 파뿌리를 물에 담가 흙을 잘 씻어 낸 후 넣으면 시원하지.

국물에 배즙을 함께 넣으면 더 좋고, 우거지로 사과나 배 껍질을 넣어도 좋지.

김장 때는 지고추(소금물에 삭힌 고추)를 넣으면 좋단다.

알타리무김치

준비

알타리무, 갓, 쪽파, 젓갈(액체 육젓 또는 까나리젓), 마늘, 생강, 고춧가루, 설탕

만들기

알타리무는 누런 잎과 제일 겉에 있는 큰 잎을 떼고 꼬리는 자르고 잔뿌리는 다듬어 잘 씻는다. 갓도 다듬어 씻어 놓는다. 쪽파는 뿌리를 자르고 다듬어 잘 씻어 놓는다.

까나리젓(멸치액젓 · 갈치젓도 좋음)에 고춧가루를 개어 놓는다. 고춧가루 갠 것에 다진 마늘과 다진 생강 · 설탕을 넣어 잘 섞어 양념을 만든다.

씻어 놓은 알타리에 위의 양념을 발라 김치 담을 용기에 한 켜 담고 씻어 둔 쪽파에 양념을 발라 한 켜 놓고 갓도 같은 방법으로 놓는다.

다 된 후 우거지로 양념 그릇을 씻어 알타리무김치 위에 덮는다.

분량:

알타리무 1단, 갓과 쪽파는 각각 무의 반 정도일 때(딤채 김치통 1통 분량) 젓갈 1컵, 고춧가루 1컵, 설탕 3큰술, 다진 마늘 2큰술, 다진 생강 2큰술

참고

알타리무를 절이지 않고 그냥 하면 무가 질기지 않아서 좋단다. 이렇게 만든 김치는 겨울을 나지는 못하지만 한 달 정도는 괜찮더라. 절이지 않았기 때문에 만들고 나서 2~3시간 지나면 푹 꺼지지. 생새우를 다져서 반 컵 정도 넣으면 시원하고 단맛이 더 있단다.

켜켜에 파를 넣으면 김치에 파를 넣지 않아도 되고, 여기에 들어 있는 파와 갓은 파김치 · 갓김치 같아서 맛이 있다.

오이소박이

준비

오이, 무, 양파, 마늘, 생강, 파, 고춧가루, 설탕, 소금

만들기

피클 오이나 기다란 일본 오이 같이 생긴 것이면 좋고, 호박같이 뚱뚱한 오이 또는 커다란 가시오이(English cucumber)는 안 된다.

오이를 굵은 소금에 비벼 절여 놓는다. 무는 2센티미터 정도의 길이로 먼저 토막을 친 후 그것을 채쳐 놓고(무채가 길면 지저분하다), 양파는 무채와 같은 크기로 썰든지 다지든지 하고, 파는 송송 썰고 마늘 · 생강은 다져 놓는다.

오이가 2킬로그램쯤 되면 무채는 1.5컵 정도면 되고, 양파 썬 것 1/3컵, 마늘 · 생강 각 1작은술, 고춧가루 3~4큰술, 가는 소금, 설탕 각 2큰술, 파 썬 것 1/3컵 정도.

이것을 모두 합쳐 비벼 놓고, 그동안 절여진 오이를 씻어서 가운데에 칼집을 내어 만들어 놓은 속을 그 사이에 넣는다.

속을 다 넣어 용기에 차곡차곡 넣고 속 만들었던 그릇에 남은 양념은 다 손으로 긁어 넣는다. 물을 1컵 정도 팔팔 끓여서 끓는 물을 속 만들었던 그릇에 담아 헹구어 그 끓는 물을 오이김치 위에 붓는다. 이렇게 하여 김치가 익으면 오이가 아작거린다.

참고

오이 깍두기같이 그냥 썰어서 담글 땐 무를 안 넣는다.

오이지

준비

오이, 굵은 소금

만들기

피클 오이를 잘 씻어 오이지 담을 용기에 차곡차곡 담고 물은 오이가 푹 잠길 정도로 계량해서 냄비에 담고 소금을 넣어 팔팔 끓여 끓는 물을 오이에 붓는다.

그런 다음 무거운 돌 같은 것으로 눌러 오이가 물 위로 뜨지 않게 한다.

이틀 지난 후에 물을 따라 다시 끓여서 그 때는 소금물이 완전히 식은 후에 다시 붓는다. 다시 사흘쯤 후에 소금물을 다시 끓여 식혀 붓고 밖에 두는데 일주일이나 열흘쯤 지나면 오이지가 다 익게 된다. 다 익으면 냉장고에 넣으면 된다.

참고

계량은 소금 1컵에 물 12컵이면 꼭 알맞으니까 물과 소금을 꼭 되서 붓도록. 미국 소금 가는 것은 그냥 소금의 1/3만 넣으면 알맞더라.

동치미

준비

총각무, 파, 마늘, 생강, 소금, 설탕

만들기

총각무는 잎이 달린 채로 껍질을 벗기고 누런 떡잎은 잘라 낸다. 무가 크면 반으로 자르고 작으면 그냥 해도 된다.

스테인리스 김치통이 제일 큰 것은 5킬로그램짜리이고 중간 것은 3킬로그램짜리니까 중간 걸로 하면 총각무 3킬로그램에 꽃소금 3큰술을 빡 가르지 말고 되고, 설탕은 빡 갈라서 3큰술을 되서 한데 섞은 후 무를 한 켜 깔고 섞어 놓은 소금·설탕을 켜켜로 뿌린 후 마늘과 생강을 각 1쪽씩 저며서 넣고, 파는 씻어서 우거지 지르듯이 위에 놓은 다음 24시간 뒤에 따뜻한 물 8~10컵에 소금(꽃소금이면 수저 위로 올라오게 될 것), 설탕 각 3큰술을 넣어 만든 국물을 절여 놓았던 무 위에 붓는다.

무가 좀 많으면 김칫국물이 맛이 좋더라. 국물만 다 없어지고 건더기가 많이 남으면 무를 꺼내서 채썰어서 무쳐 먹어도 맛이 좋더라(파뿌리를 깨끗이 씻어 우거지로 쓰면 국물이 시원하다).

배추김치

준비

배추, 액젓(멸치 또는 액체 육젓), 고춧가루, 파, 마늘, 생강, 생새우

만들기

배추는 반으로 잘라 소금물에 15분쯤 담가서 숨이 좀 죽으면 꺼내서 켜켜에 소금을 뿌린다. 4~5시간쯤 절이면 되고 배추가 너무 좋으면 8시간쯤 절여야 할 거다.

마늘·생강은 다져 놓고 파는 1.5센티미터 길이로 썰어 놓고 생새우는 다져 놓는다.

배추가 다 절면 깨끗이 씻어서 물기를 뺀 후 넓이 3센티미터, 길이 4센티미터 정도의 크기로 썰어서 넓은 그릇에 담고 고춧가루로 고춧물을 들인 후 마늘·생강·생새우 다진 것을 넣고 버무린 후 제일 나중에 파와 설탕을 넣어 섞는다.

절여서 씻은 배추를 썰어서 3킬로그램들이 용기에 담을 만큼이면 액젓은 3/4컵을 넣고 고춧가루는 1~1.5컵, 설탕은 3큰술을 넣으면 적당할 거다. 배추가 너무 짜게 절여졌으면 액젓은 넣지 말고, 다진 새우는 1컵 정도면 되고, 다진 마늘과 생강은 각 1큰술이면 될 거다.

김치 만든 다음 날 간을 봐서 짜면 국국물을 2~3컵 정도 붓고, 싱거우면 국국물에 소금을 넣어 짭짤하게 만들어 간을 고치도록(간장을 넣어도 되고).

참고

색깔을 곱게 하려면 먼저 육수에 고춧가루를 풀어 15분쯤 불렸다가 쓰면 된다.

절이는 소금물은 배추 1포기에 굵은 소금 1/2컵에 물 4컵을 부으면 되고, 켜켜에 뿌리는 소금은 1/2컵이면 된다.

12 장류

메주쑤기

준비

메주콩, 물

만들기

메주콩을 잘 씻어 물에 불려 푹 삶아 뜸을 잘 들인 후 절구에 찧는다. 절구에 찧은 메주를 틀에 넣고 잘 다진다.

다져진 메주를 말린다. 말린 메주를 짚으로 엮어 통풍이 잘 되는 곳에 매단다.

3개월 정도 지난 후 메주를 꺼내 띄운다. 띄우는 곳은 따뜻한 곳이 좋고 항아리나 사과 종이상자 같은 데에 짚을 격자로 깔고 띄운다.

10여 일 지난 후 꺼내 한 번 말리고 다시 또 띄우기를 3번 정도 한다.

장 담그기 3~4일 전에 메주를 잘 씻어 다시 한 번 말려서 쓴다.

참고

메주를 쑬 때 메주콩이 발그레해지면 다 익은 거란다.

메주는 뜸이 잘 들어야 찧을 때 잘 찧어진다.

메주를 쑬 때 고구마를 함께 넣어 찌면 그 고구마가 아주 맛있지.

메주는 음력 10월에 쑨단다.

간장

준비

메주, 물, 소금, 마른 고추, 대추, 숯

만들기

메주 1말을 쑤었을 때:

물 4말, 소금 1말 2되.

굵은 소금을 소쿠리에 담아 간장 항아리 위에 놓고 물을 소금 위로 퍼붓는다. 잡티는 골라 내고 소금물이 깨끗하지 않으면 고운 체로 밭인다.

간장 담글 항아리에 메주를 차곡차곡 담고 소금물을 붓고 숯은 빨갛게 달궈 얹고 (큰 것 3개) 대추는 타지 않게 볶아 9개 정도를 넣고 꼭지가 달려 있는 마른 고추도 7개 정도 넣고 뚜껑을 닫는다.

사흘간은 뚜껑을 열지 않고 꼭 덮어 두었다가 그 다음부터 햇볕이 잘 나는 날 아침에는 열어 놓고 저녁에는 닫는다.

40~50일이 지나면 위에 떠 있는 대추·숯·고추는 골라내고 체에 간장을 밭이고 메주는 된장을 만든다.

체에 밭인 간장을 끓여 불순물을 걷어 내고 다 식은 후 간장독에 담는다.

참고

소금물의 간은 음력 1월장을 담으면 계란을 띄워 보아 100원짜리 동전만 하면 짜기가 된 것이고, 음력 3월장을 담으면 500원짜리 동전만 해야 한다.

간장 항아리는 끓는 물로 다시 한 번 씻고 신문지에 불을 붙여 안을 소독한다.

된장

준비

간장 뺀 메주, 메주, 찹쌀가루, 소금

만들기

찹쌀 1되를 가루를 빻아 풀을 쑨다.

찹쌀풀이 다 식으면 간장 뺀 메주(1말 분량)와 메줏가루 5컵쯤을 붓고 소금 1컵을 넣어 잘 치댄다.

잘 치댄 된장을 항아리에 꼭꼭 눌러담고 위에 소금을 하얗게 덮고 익힌다.

찹쌀고추장

준비

찹쌀, 엿기름, 고운 고춧가루, 고추장메줏가루, 소금, 물

만들기

찹쌀 5컵을 잘 씻어 물에 6~8시간 불린 후 빻아 가루로 만든다.

엿기름을 체로 쳐서 1컵을 준비하고 여기에 따뜻한 물을 부어 가라앉힌 후 이 물을 고운 체에 다시 한 번 밭인다. 엿기름을 체로 치고 남은 찌꺼기에 물을 붓고 바락바락 주물러 다시 체에 밭여 가라앉힌다.

엿기름 물에 찹쌀가루를 넣은 후 30분 정도 두면 찹쌀가루가 삭는다. 이것을 약한 불 위에 얹어 조금 더 삭힌 후 불을 조금 세게 해서 눋지 않게 잘 저어가며 끓인다. 일단 삭으면 가끔씩 저어도 눋지 않는단다. 펄펄 끓으면 소금을 넣어 한소끔 더 끓인 다음 불을 끄고 식힌다.

한 김 나간 후 메줏가루를 먼저 넣어 잘 저은 후 고춧가루를 넣고 섞어 항아리에 담는다. 한 주일 정도 햇볕에 놓아 고추장 위가 꾸득꾸득하게 마르면 위에 고운 소금을 뿌린다.

분량:

찹쌀 5컵일 때 이것을 불려 빻으면 가루는 15컵이 된다. 전체적인 물의 양은 28컵이면 된다.

고추장메줏가루 10컵, 고춧가루 10컵, 꽃소금 5컵(한주소금같이 가는 것이면 1컵 반, 굵은 소금을 볶은 것이면 3컵 반).

참고

시중에서 파는 엿기름 가루 500그램 한 봉지를 체로 치면 가루가 1컵 정도 되더라. 물은 처음에 28컵을 재 놓고 그 물을 떠서 엿기름 가루에 붓고 엿기름 찌꺼기를 거를 때도 그 분량에서 하면 된다.

메줏가루 · 고춧가루로 버무린 후에는 잘 섞이게 저어주고 완전히 잘 섞인 후 항아리에 담아야 한다.

소금은 그냥 넣는 것보다 물에 펄펄 끓여 넣는 것이 좋지. 항아리에 담을 때는 될 수 있으면 썰물 시간에 넣어야 고추장이 넘지 않는다. 소금을 그냥 넣으려면 메줏가루와 고춧가루를 넣어 하루 두었다가 넣는다. 가끔 잘 섞어 주고 소금이 완전히 다 녹은 후에 항아리에 담도록.

어리굴젓

준비

생굴, 찰밥, 고운 고춧가루, 생강채, 마늘채, 밤, 굵은 소금, 무

만들기

굴은 소금물에 깨끗이 씻어 소쿠리에 담아 물기를 뺀 후 굵은 소금을 뿌려 절여 놓는다. 2~3일간 잘 삭혀 굴이 노리끼리해지면 소쿠리에 담아 물기를 뺀다(굴 7근에 굵은 소금 1컵).

찹쌀 1컵을 밥을 해서 분마기에 넣어 간다. 이때 굴을 밭여 놓았던 국물을 한 번 끓여 식혀(망사자루에 밭인 물) 조금씩 붓고 고운 고춧가루 1컵 반을 섞어 가며 간다.

무채 1컵과 밤채 1/2컵, 생강채 · 마늘채 각 1큰술을 넣고 준비해 둔 굴과 찹쌀풀을 섞는다. 실온에 하루 이틀 두어 익힌 후 냉장고에 보관하고 먹는다.

참고

모든 채는 2센티미터의 길이로 썬다. 금방 먹을 것에는 파채와 배채를 넣어 보렴.

꽃게젓

준비

꽃게, 간장, 집간장, 파, 마늘, 생강

만들기

꽃게는 살아 있는 것으로 준비해서 등에 있는 딱지를 열고 아가미는 떼어 내고 다리도 끝 부분을 잘라 낸 후 솔로 박박 문질러 잘 씻어 놓는다.

항아리에 준비해 둔 게를 배쪽이 위로 오게 차곡차곡 놓고 실고추·마늘채와 생강채를 뿌린 후 간장과 집간장을 반반 붓는다.

게가 위로 떠오르지 않게 비닐종이를 덮고 소독저로 얼기설기 놓은 후 무거운 돌로 눌러 놓는다.

이틀 지난 후 간장만 쪽 따라내 다시 한 번 끓여 식혀 붓는다.

먹을 때는 게살을 다 발라내어 그릇에 담고 다진 파, 생강즙 약간, 참기름·설탕·깨소금을 넣어 양념하여 다시 게딱지 안에 넣은 후 접시에 담아 낸다.

참고

게는 톱밥 속에 들어 있는 것보다 그냥 살아 있는 것이 더 좋단다.

이렇게 만든 게장을 한 마리씩 비닐봉투에 넣어 냉동시켰다가 먹을 때 꺼내 양념하면 오래 두고 먹을 수 있지.

간장을 달여 부을 때 너무 싱거우면 소금을 조금 더 넣고 끓이면 되고. 게의 크기가 다 다르기 때문에 간장을 얼만큼 부으라고 얘기할 수가 없는데 보통 게가 잠길 정도면 된다.

13 기타

콩국

콩국은 건강식이고 특히 콜레스테롤을 없애는 데 제일이라고 해서 적어 놓는다.

준비

콩, 볶은깨 또는 들깨

만들기

메주콩 1컵에 물 2컵을 넣고 3시간쯤 불린다.

불려 놓은 콩을 깨끗이 씻어서(불리면 2컵이 된다.) 물 2컵을 붓고 5~6분 정도 끓인다. 애당초 뚜껑을 열고 끓인다(뚜껑을 닫으면 너무 쉽게 넘기 때문에).

끓이면 거품이 노리끼리해진다. 이때 먹어 보아 비린내가 안 나고 살캉하고 고소하면 불을 끄고 냉수에 잘 씻는다.

박박 비벼 씻으면 콩껍질이 다 벗겨진다. 껍질 벗겨진 콩 1컵에 물을 2컵 넣고, 볶아 놓은 깨를 1큰술 넣고 블렌더에 곱게 갈아 체로 밭인다. 여기에 꽃소금 1작은술을 넣으면 된다. 국수를 삶아 넣어 먹어도 되고 그냥 두유로 마셔도 된다.

참고

매번 만들려면 번거로우니까 콩을 삶아서 껍질을 벗겨 콩과 물을 각 1컵씩 비닐 봉지에 넣어 냉동시켰다가 먹고 싶을 때 꺼내서 냉수에 담그면 금방 녹는데, 녹으면 블렌더에 갈면 되지. 식물성 단백질이어서 좋다더라.

순대

준비

돼지 창자, 찹쌀, 고기, 양파, 숙주, 두부, 김치, 돼지 지라, 돼지 속기름, 돼지 피, 계란, 파, 마늘, 생강, 후춧가루, 참기름, 식용유

만들기

돼지 창자는 밀가루를 뿌려 주물러 씻고 굵은 소금을 넣어 비빈 후 뒤집어서 다시 위와 같은 방법으로 씻고 다시 뒤집어 물에 담가 놓는다.

찹쌀을 물에 5~6시간 담가 놓았다가 찐다(밥 2컵).

숙주는 데쳐 송송 썰어 1컵에 볶은 소금 1작은술, 다진 파 1큰술을 넣어 버무려 놓는다.

양파는 다져서 2컵, 김치는 한 번 헹궈 곱게 다져 꼭 짠 후 5컵을 준비한다.

다진 고기 5컵에 간장, 다진 마늘·다진 생강 각 2큰술, 후춧가루 1작은술을 넣어 잘 섞어 놓는다.

두부는 도마에 놓고 으깬 후 꼭 짜서 3컵에 볶은 소금 1큰술과 다진 파 2큰술, 후춧가루 1작은술, 참기름 1큰술로 섞어 놓는다.

도래기름을 2컵 만든다(두꺼운 냄비를 중간보다 약한 불에 얹어 뜨거워지면 돼지 속기름을 넣어 가끔 저어 가며 기름을 뺀다).

찹쌀밥에 돼지 피를 섞는다. 돼지 피 덩어리 5컵을 소쿠리에 담아 물로 한 번 헹군 후 볶은 소금 1큰술을 넣어 손으로 싹싹 비벼 이것을 찹쌀밥 식힌 것에 섞는다.

준비한 모든 재료를 섞고 여기에 다진 파 4컵, 다진 마늘·다진 생강·후춧가루 각 3큰술, 참기름·식용유 각 3큰술을 넣어 버무린 후 계란 5개, 물 5컵을 붓는다.

돼지 창자에 깔때기를 꽂고 위에 섞은 재료를 넣고 양쪽 끝을 실로 묶는다.

된장 풀어 놓은 물이 끓기 시작하면 순대를 넣고 꼬챙이로 찔러 가며 익힌다. 처음에는 핏물이 나오다가 익기 시작하면 맑은 물이 나오고 물이 안 나오면 다 익은 것이다.

참고

찹쌀밥 대신 찹쌀을 넣기도 하는데 쌀을 넣을 때는 피를 많이 넣고 찹쌀이 다 익을 때까지 끓여야 하기 때문에 시간이 많이 걸린단다.

김치 대신 배추를 삶아 써도 되지.

국을 끓일 때는 무시래기를 넣으면 더 좋고.

깔때기 대신 플라스틱 음료수병을 반 잘라 쓰니 편하더라.

도래기름을 많이 넣어야 부드러운데 이 기름은 삶을 때 꼬챙이로 계속 찔러서 삶기 때문에 국에 거의 다 흘러 나와 괜찮단다.

꽃게장(무침)

준비

암게, 맑은젓국(멸치액젓 또는 까나리젓 등), 소금, 생강채, 생강즙, 고운 고춧가루, 참기름, 설탕

만들기

암게는 솔로 박박 문질러 깨끗이 씻고 등딱지를 떼고 다리와 집게다리는 먹기 좋은 크기로 자른다. 등쪽의 아가미는 떼어 내고 가로 세로로 각 2등분한다.

양념장(중간 크기로 2마리 정도일 때):

맑은 젓국 · 고운 고춧가루 · 설탕 각 3큰술, 참기름 2큰술, 생강즙 1큰술, 소금 2작은술, 생강채 1큰술

만들어 놓은 양념장을 준비해 놓은 꽃게와 버무린다.

참고

이 꽃게장은 만들어서 금방 먹을 수 있지.

꽃게는 살아 있는 것이라야 하고.

다리 끝같이 살이 없는 쪽은 떼어 버리든지 살만 발라서 무치는 것이 더 낫단다.

북어무침
(북어보푸라기)

준비

북어, 소금, 간장, 깨소금, 설탕, 고운 고춧가루, 후춧가루

만들기

북어포를 물에 적셔 마른행주에 싸 놓는다. 물기를 거둔 후 껍질을 벗기고 뼈를 골라 낸 후 뜯어 놓는다.

뜯은 북어를 전기 분쇄기에 넣어 10~15초 정도 간다. 갈아 놓은 북어를 손바닥으로 잘 비벼 가시가 있는지를 확인한다.

하얗게 하는 무침:

위와 같이 잘게 만든 북어 1컵에 참기름 1큰술을 넣어 잘 주물러 놓는다.

참기름이 잘 배었으면 볶은 소금 1/2작은술과 설탕 1큰술을 넣어 잘 섞은 후 깨소금 1큰술, 후춧가루 약간을 넣어 무친다.

붉게 하는 무침:

하얗게 하는 무침과 똑같고 거기에 고운 고춧가루 1/2작은술을 넣는다.

검게 하는 무침:

잘게 만들어 놓은 북어 1컵에 참기름 1큰술을 넣어 잘 주물러 놓는다.

참기름이 잘 배었으면 간장 1큰술과 설탕 1큰술을 넣어 잘 비빈 후 깨소금 1큰술과 후춧가루 약간을 넣어 무친다.

참고

북어는 황태가 좋단다. 통마리로 된 마른 북어를 쓰려면 물에 20분쯤 담갔다가 꺼내 머리를 떼어 내고 바로 놓고 방망이로 살살 두들긴다. 다시 옆으로 놓고 두들긴 후 가운데 가시를 빼고 잘게 뜯는다.

완전히 마른 북어를 전기 분쇄기에 돌리면 가루가 되니까 약간 축축하게 하는 것이 좋단다(북어가 너무 젖으면 질어서 잘 안 무쳐진다).

북어포를 쓸 때는 물에 한 번 넣었다가 빼서 행주에 싸 놓았다가 해도 되고 북어포를 젖은 행주에 싸 놓았다가 약간 축축해진 후 해도 된다.

북어무침은 죽상에 잘 어울리는 음식이지.

닭칼국수

준비

닭, 밀가루, 파, 마늘, 생강, 풋고추, 깨소금, 고춧가루, 간장, 소금, 후춧가루

만들기

닭은 깨끗이 씻어서 냄비에 넣고 닭이 푹 잠길 만큼 물을 붓고 생강 저민 것과 마늘을 넣어 센불에서 끓이다가 불을 중간불 정도로 줄여 끓인다. 꼬챙이로 찔러 보아 물이 안 나오면 불을 끈다.

밀가루 1컵 반에 꽃소금 1작은술을 넣고 찬물을 1/2컵이 조금 안 되게 부어 반죽을 해서 비닐봉지에 넣어 15분 이상을 두었다가 다시 잘 치대어 밀대로 밀어 밀가루를 바른 후 국수 가락으로 썰어 놓는다.

닭국물 6컵에 볶은 소금 2작은술과 다진 마늘 1작은술을 넣어 끓인다. 삶아 낸 닭은 죽죽 찢어 양념한다(닭껍질은 채로 썰어 넣는다).

삶아서 찢어 놓은 닭고기 1컵일 때:

간장 1작은술, 깨소금 1작은술, 다진 파 2작은술, 후춧가루 약간.

국물이 펄펄 끓을 때 썰어 놓은 국수를 넣고 한 번 끓으면 젓가락으로 저은 후 다시 한 번 끓으면 양념한 닭고기를 넣고 또 끓인다.

국수가 다 익었으면 어슷어슷하게 썬 파를 넣고 불을 끈 후 파가 숨이 죽었으면 그릇에 담아 낸다. 다데기를 곁들여 낸다.

다데기 만들기

간장, 다진 풋고추, 다진 파, 깨소금, 고춧가루 각각 1작은술을 넣어 섞는다.

참고

닭국물과 고깃국물 또는 멸칫국물을 2:1의 비율로 섞으면 더 맛이 있지.

국물 3컵에 밀가루 반죽 1컵 반이면 두 그릇이 넉넉하게 된다. 여기에 국물을 2배로 한 것은 국수를 할 때 국물이 너무 없으면 칼국수가 죽같이 되기 때문이야.

시중에서 파는 생국수를 밀가루 반죽 대신 쓰려면 국물을 약간 싱겁게 하는 것이 좋고, 번가루로 녹말가루를 썼기 때문에 국물이 걸죽하게 되니까 물에 한 번 헹구어 넣는 것이 좋다. 시판 생국수 한 봉지면 중간 불에서 7~10분을 끓여야 익지.

국물에 다진 마늘을 넣었기 때문에 다데기에는 마늘을 넣지 않아도 된단다.

육포

준비
쇠고기, 간장, 집간장, 설탕, 꿀, 배, 생강, 후춧가루

만들기
쇠고기는 우둔살이나 홍두깨살로 4~5밀리미터의 두께로 썬다.
썬 고기는 가장자리의 힘줄이나 기름을 잘라 내고 핏물이 빠지게 두었다가 마른 행주나 종이행주로 핏물을 잘 닦아 낸다.
준비된 고기가 4파운드 정도일 때의 양념장:
간장 1컵, 집간장 1/2컵, 설탕물 1컵, 꿀 1/2컵, 배즙 1컵, 생강즙 2큰술, 후춧가루 1큰술.
양념장을 만들어 준비된 고기를 한 장씩 담갔다 꺼내고 남은 양념장을 다 부은 후 양념장이 고기에 다 밸 때까지 고기를 주무른다.
양념장이 다 뱄으면 고기를 결대로 살살 잡아당겨 채반이나 발에 얹어 말린다. 한쪽이 약간 꾸덕꾸덕하게 말랐으면 뒤집어서 다시 말린다. 양쪽이 다 말랐으면 차곡차곡 포개어 행주에 싸서 무거운 것으로 6~8시간 눌러 놓았다가 다시 꺼내 한 번 더 말린 후 두고 쓴다.
먹을 때는 참기름을 바르고 살짝 구워 잣과 함께 먹는다.

참고
고기를 썰 때는 결대로 길이로 썰어 고기를 찢기 쉽게 하도록.
설탕물은 설탕과 물을 같은 양으로 넣고 약한 불에서 설탕이 다 녹을 때까지만 끓인 후 식혀서 쓴다. 설탕과 물 각 3/4컵을 끓이면 1컵이 된다.
4월쯤이 파리도 없고 해가 좋아서 육포 말리기엔 가장 좋은 때란다.

냉면

준비
냉면, 쇠고기, 닭, 멸치, 김치, 오이, 배, 계란, 돼지고기 편육, 식초, 겨자, 깨소금, 고춧가루

만들기
쇠고기는 양지머리를 사서 마늘과 생강을 저며 넣고 통후추 · 대파를 넣어 끓여 식혀 놓는다(2컵). 고기는 편육을 만든다.
닭은 생강과 마늘을 저며 넣고 끓여 식혀 놓는다(1컵).
멸치다시 국물을 만들어 놓는다(1컵).
김칫국물로는 동치미 · 열무 · 배추김칫국물을 준비한다(각 1컵, 전체적으로 3컵).
오이는 반으로 가르고 어슷어슷하게 썰어 식촛물에 담근다.
썬 오이 2컵일 때:
소금 · 설탕 각 2큰술, 소금 2작은술.
다 절여졌으면 꼭 짜서 깨소금과 고춧가루로 양념한다.

배는 얇게 저며 채로 썰든지 직사각형으로 썰어 설탕물에 담근다.

배 1/4개일 때:

물 1/2컵, 설탕 1큰술.

계란은 소금물에 굴려 가며 삶아 길게 반으로 갈라 놓는다(2개).

돼지고기는 편육으로 썰어 놓는다(12쪽 정도).

쇠고깃국물, 닭국물, 멸칫국물, 김칫국물, 오이 담갔던 물, 배 담갔던 물을 섞어 냉면 국물을 만든다.

냉면 사리를 삶아 찬물에 헹궈 그릇에 담고 양념한 오이와 배, 편육(쇠고기·돼지고기), 삶은 계란을 얹은 후 국물을 붓고 겨자와 식초는 곁들여 낸다.

참고

쇠고기는 양지머리나 사태 등 다 괜찮단다. 고기 600그램에 물 12컵을 붓고 끓여 고기가 다 익었으면 불을 끄고 고기가 식은 후에 꺼내면 국물이 맛이 있지. 고기를 맛있게 먹으려면 고기를 빨리 건져 내면 된다(국물이 8컵 정도 되더라).

배추김치를 5센티미터의 길이로 썬 후 5밀리미터 두께로 썰어 꼭 짜 참기름·깨소금·설탕에 무쳐 고명으로 얹어도 좋지.

여름에 열무김치가 맛이 좋으면 그 국물만 넣어도 되고 오이소박이 국물을 넣어도 맛이 좋다. 오이 절였던 국물을 넣으면 오이 냄새가 나서 더 좋단다.

익힌 오이가 좋으면 오이를 소금에 절여 꼭 짜서 오이를 짜낸 국물을 끓이다가 꼭 짠 오이를 넣어 살짝 데쳐 낸 후 양념하면 된단다.

마른 냉면을 삶을 때는 냉면을 찬물에 3~4분 정도 담갔다가 약간 부드러워진 후에 삶으면 손쉽고, 삶은 냉면을 씻을 때는 첫물이 아주 차야 국숫발이 쫄깃하지.

메밀을 먹을 때는 계란과 돼지고기를 함께 먹는 것이 좋다.

만두

준비

고기, 김치, 양파, 숙주나물, 두부, 소금, 후추, 참기름, 깨소금, 마늘, 생강, 밀가루

만들기

김치는 다져 놓고, 숙주나물은 데쳐서 송송 썰어 놓고, 두부는 도마에 놓고 칼로 이겨 이 세 가지를 보자기나 자루에 넣어 꼭 짜 놓는다.

양파는 다져 놓는다.

다진 고기 2컵에 마늘 1/2작은술, 간장 1큰술, 후추 1/2작은술, 꽃소금 1큰술, 참기름 1큰술을 넣어 잘 섞은 후, 다진 양파 1컵을 넣어 잘 섞는다. 김치 짠 것 1컵에는 참기름 1작은술을 넣어 버무리고 숙주나물·두부 각 1/2컵에 꽃소금 1/2작은술, 참기름 1/2작은술, 후춧가루 약간을 넣어 섞은 후 모든 재료를 함께 잘 섞어 놓는다.

만두 껍질은 밀가루 3컵에 찬물 3/4컵, 소금 1큰술, 식용유 1큰술을 넣어 잘 치대서 비닐 봉지나 젖은 행주에 싸서 놓아 두었다가 밥톨만큼씩 뜯어 밀어서 쓰면 된다.

참고

나는 여기에 적은 만두속에 고기를 좀 많이 넣는데, 고기를 2컵(400그램) 넣을 때의 양념은 이 정도면 간이 맞기 때문에 쓴 것이고, 고기를 더 넣을 때는 이 분량에 맞추어 간을 하렴.

위의 분량대로면 간이 알맞은 만두가 되는데, 고기를 좋아하는 집에서는 고기를 더 넣지. 돼지고기가 좋으면 돼지고기에 생강즙을 넣어 먼저 양념하고 다른 양념을 넣으면 돼.

두부에도 양념을 하는 것이 맛이 더 좋다. 중국집 물만두같이 하려면 비계가 좀 있는 돼지고기를 갈아다가 간장·생강즙·다진 마늘을 넣고 물을 약간만 넣어 젓가락으로 한쪽 방향으로 저어 거기에 다진 양파와 부추를 넣으면 되는데 재료도 간단하고 만들기도 쉽지. 중국집에서는 기름이 많은 고기로 만드니까 중국집 만두가 맛이 있는데, 가정집에서는 그렇게 기름 많은 고기를 안 쓰니까 속 만들 때 식용유를 좀 많이 넣으면 돼.

만두속이 남았는데 만두피가 없으면 김치 잎을 떼어 씻어서 도마에 펴 놓고 거기에 만두속을 한 수저씩 넣어 돌돌 말아 싼 후 멸칫국물이나 국국물을 넣어 끓이면 좋은 김치쌈찜이 된다.

아줌마는 고기를 못 잡수시기 때문에 고기 대신 무말랭이를 불려서 간장을 넣고 푹 끓여서 다져 넣었더니 고기 넣은 만두보다 더 담백하고 맛이 있더라. 아주 독실한 불교 신자라서 고기를 안 잡수시는데 내 종교가 귀하면 남의 종교도 귀한 거니까. 난 음식할

때 아줌마 음식엔 고기를 안 넣고 해 드리지. 혹시 채식주의자를 초대하게 되면 참고가 될까 해서 적었다.

만두피는 사다가 쓰면 편한데 집에서 만든 껍질이 맛이 좋기도 하고 입맛 까다로운 사람은 집에서 만든 껍질만 고집하기도 하는데 너희 남편은 그저 만두면 되니까 편한 대로 하고,

만두피를 사다가 쓸 때는 계란을 깨뜨려 그 물을 솔로 발라 쓰면 그냥 물 발라서 쓰는 것보다 잘 붙는다. 중국 식품점에 가면 두툼한 만두피가 있는데 집에서 만든 것과 비슷하지.

혹시 집에서 만두 껍질을 만들면 꼭 맞을 때도 있지만 반죽이 남는 때가 있는데, 이때는 반죽을 넓게 밀어서 칼국수로 썰어 냉동칸에 두었다가 칼국수가 먹고 싶을 때 국수 국물을 만들어 국물이 끓을 때 냉동됐던 국수를 넣어 끓이면 쫄깃하고 맛있는 칼국수가 된다.

튀김만두

준비

고기, 양배추, 양파, 계란, 소금, 마늘, 후춧가루, 깨소금, 참기름

만들기

양배추는 다져 4컵이 되게 한다. 거기에 물 1컵을 넣고 소금 1/4컵을 넣어 30분간 절여 놓는다. 양파는 다져서 1/2컵을 만든다.

프라이팬이 뜨거워지면 다진 고기 200그램(1컵)에 간장 1큰술, 마늘과 후추 각 1작은술을 넣어 볶아지면 넓은 그릇에 꺼내 식혀 둔다. 거기에 다진 양파를 넣어 섞는다. 양배추가 다 절여졌으면 물을 부어 씻어서 헝겊자루에 넣어 꼭 짜서(3/4컵이 된다) 고기에 섞고, 깨소금과 참기름을 넣어 양념한 후 계란 한 개를 넣고 섞으면 된다. 이것을 빚어서 튀겨도 되고 지져도 되는데, 속은 다 익은 거니까 껍질만 익으면 되지.

참고

프라이팬에 지질 때는 팬이 뜨거워진 후에 기름을 두르고 만두를 얹어 껍질이 노릇노릇해지면 물을 3큰술쯤 붓고 뚜껑을 닫아 불을 약하게 해놓으면 잘 익는다. 지직하는 물 소리가 끝나고 겉이 말갛게 되면 다 익은거다. 한 번 뒤집어도 상관은 없는데, 모양이 미워질까봐 나는 보통 안 뒤집는다.

소금을 얼마 넣으라고만 쓴 이유는 양배추를 절이면 양배추에 간이 되어 있어서 소금간을 안 해도 간이 맞기 때문인데 고기랑 다 익은 거니까 맛을 보아 싱거우면 소금을 조금 넣으면 되지. 튀김만두일 때는 간이 조금 세야 좋더라.

이 만두는 샴페인 이모가 개발한 건데 모두 좋아해서 잘 만들어 먹지. 김치도 안 아깝고. 젊은 사람들은 탕수육 국물에 찍어 먹는 걸 좋아하던데 나이 든 분들은 초간장을 더 좋아하시더라.

과일샐러드

준비

파인애플 캔 1파운드와 1/2 온스(2컵 반 정도), 만다린 오렌지 캔 1파운드, 작은 머시멜로(miniature marshmallow) 2컵, 거품낸 휘핑크림(whipping cream) 1컵, 계란 노른자 3개, 설탕, 식초, 파인애플 주스(파인애플 따라 낸 것에서) 각 2큰술, 버터 1큰술

만들기

중탕할 냄비에 물을 붓고 중탕할 그릇에 계란 노른자·설탕·식초·버터·파인애플 주스를 넣고 잘 섞으면서 중탕으로 익힌 다음 식혀 놓는다.

여기에 체에 밭여 물기를 뺀 파인애플과 만다린·머시멜로우·휘핑 크림을 잘 섞은 후 냉장고에 넣어 최소한 3시간 후에 낸다. 24시간 냉장고에 넣었다 먹는 것이 더 좋더라(후식으로 좋더라).

시저 샐러드

준비

로만 레터스(그냥 양상추도 좋다), 양겨자 불린 것, 계란 노른자, 마늘 다진 것, 안초비(짜게 만든 것, 한국 멸치젓의 살만 발라 써도 괜찮더라), 레몬, 식초, 샐러드유(올리브유가 있으면 더 좋고), 핫소스, 우스터 소스, 크로톤, 베이컨, 실파, 양파 다진 것

만들기

크로톤 만들기

325도의 오븐에 1센티미터의 입방체로 썬 식빵 2컵을 갈색이 나도록 구워 낸다.

프라이팬에 1/2컵의 버터를 녹여 거기에 다진 마늘 1큰술을 넣은 후 구워 낸 빵을 함께 섞어 젓는다(빵에 버터가 코팅되게). 이것을 다시 오븐에 타지 않게 가끔 뒤집으며 구워 낸다.

베이컨은 잘게 썰어서 볶으면 기름이 빠지면서 기름에 튀긴 것처럼 되는데, 이때 기름을 빼지 않고 그냥 볶아야 바삭하게 볶아진다. 베이컨에서 기름이 다 빠졌다 싶으면 신문지 위에 종이 수건을 깔고 볶아진 베이컨만 기름 없이 건져 종이 위에서 기름을 빼면 식은 후 바삭해진다.

양겨자와 계란 노른자, 마늘 다진 것을 함께 섞고 여기에 레몬즙을 짜 넣고 핫소스와 우스터 소스를 넣어 잘 저은 후 샐러드유를 넣고 젓다가 식초를 한 방울 떨어뜨리고 다시 기름을 넣고 잘 저은 후 안초비를 썰어 넣고 간을 본다. 슴슴하면 된 거니까 소금을 더 넣지 말고 신맛은 될 수 있으면 레몬으로 맞추는 게 좋고.

소스가 됐으면 준비해 놓은 양파를 먼저 섞은 후 양상추를 넣고 각자 그릇에 담은 후 크로톤, 베이컨, 실파 송송 썬 것을 위에 얹어 낸다.

호박빵

준비

계란 3개, 식용유 1컵, 설탕 2컵, 채썬 호박 2컵, 밀가루 3컵, 호두 1컵, 바닐라 2작은술, 베이킹 파우더·소금 각 1/4작은술, 계핏가루 3작은술

만들기

계란에 설탕을 넣고 기름과 채썬 호박을 넣어 잘 섞어 놓는다①.

밀가루와 베이킹 파우더·소금·계핏가루를 한데 섞은 것을 ①에 잘 섞은 후 바닐라와 잘게 썬 호두를 넣어 섞는다.

오븐 350도에서 굽는데, 작은 빵틀 3개면 45분에 되고, 큰 빵틀 2개면 1시간을 구워야 한다. 다 된 것을 알려면 산적꼬치로 빵을 찔러 보아 꼬챙이가 깨끗하게 나오면 다 익은 것이고 밀가루가 조금이라도 붙어서 나오면 덜 익은 것이다.

양파마요네즈 만들기

마요네즈 1/2컵, 설탕 1큰술, 양파 2큰술(양파를 잘게 다져 소금을 뿌려 절인 후 꼭 짠 것), 식초 1작은술

만들기

마요네즈에 설탕과 위의 양파와 식초를 넣고 잘 섞으면 기름내도 안 나고 새콤달콤해서 맛이 있다.

당근샌드위치

준비

감자 삶아 으깬 것 1/2컵, 당근 삶아 으깬 것 1/4컵, 양파마요네즈 3큰술, 소금 1/2작은술, 후춧가루 약간

만들기

감자를 얇게 저며서 삶은 후 다 익었으면 냄비 뚜껑을 꼭 닫고 물을 따라 낸 후 냄비를 흔들면 감자가 으스러진다. 이 감자를 약한 불 위에 놓고 주걱으로 한 번 더 으깬다.

당근은 잘게 썰어 소금물에 삶아 건져 으깨서 감자와 마요네즈·후춧가루를 넣는다.

계란샌드위치

준비

감자 삶아 으깬 것 1컵, 삶은 계란 3개, 양파마요네즈 3큰술, 소금 1작은술, 후춧가루

만들기

삶은 계란을 칼로 다져서 으깬 감자와 마요네즈에 섞어 놓는다.

오이샌드위치

준비

오이 2개(절여서 짜면 1/2컵), 감자 삶아 으깬 것 1/2컵, 후춧가루 약간, 양파마요네즈 3큰술

만들기

오이를 반달 모양으로 잘라서 얇게 썰어 절였다가 물에 한 번 헹구어 꼭 짠다.

감자 삶아 으깬 것 1/2컵에 절여서 짠 오이를 넣고 마요네즈와 섞는다.

고기샌드위치

준비

감자 삶아 으깬 것 2컵, 고기 구운 것(고기 200그램, 간장 2큰술, 설탕 1.5작은술, 술 1큰술, 마늘 · 후춧가루 약간), 양파마요네즈 3큰술

만들기

위의 분량의 양념장에 고기를 넣고 잘 주물러 간이 배게 한 후 석쇠에 굽거나 기름 안 바른 프라이팬에 구워 잘게 썰어서 으깬 감자와 마요네즈를 넣고 섞는다.

참고

야외에 갈 때는 이렇게 만든 샌드위치 속을 플라스틱 통에 가져가고 빵도 따로 가지고 가서 식성대로 즉석에서 만들어 먹으면 좋단다.

자장면

준비

돼지고기, 양파, 호박, 양배추, 오이, 두부, 자장, 술, 녹말가루, 마늘

만들기

돼지고기 300그램을 1센티미터 사방으로 썰어 간장 1큰술, 술 1작은술, 물 3큰술, 녹말가루 2작은술을 넣어 잘 섞어 20분간 재어 둔다.

양파와 호박 · 양배추는 네모나게 썬다(각 1/2컵). 두부를 넣으려면 콩알만하게 썬다.

자장 반 컵에 식용유 2큰술, 간장 5큰술, 술과 설탕 각 1큰술을 넣고 잘 섞어 놓는다.

중국 냄비에 기름을 붓고 기름이 끓으면 재어 둔 고기를 튀겨 낸다. 호박과 양파 · 두부도 한 번씩 기름에 넣었다가 건져 낸다.

냄비에 기름 2큰술을 넣고, 뜨거울 때 다진 마늘 · 생강을 각 1큰술을 넣고 볶다가 양파를 넣고, 섞어 놓은 자장을 넣어 볶다가 거기에 튀긴 채소와 두부, 튀긴 돼지고기를 넣고 볶는다.

소스가 잘 끓으면 국국물 1/2컵을 넣고 뚜껑을 닫고 모든 재료가 어우러지게끔 끓인 후 녹말물을 부어 국물이 걸쭉하게 되도록 한다.

삶아 낸 국수 위에 만든 자장을 붓고 오이채를 얹어 낸다.

비빔국수

준비

고기, 김치, 고추장, 깨소금, 설탕, 참기름, 국수, 식초,

만들기

고기는 불고기 양념을 해서 구워 썰어도 좋고 간고기에 불고기 양념장을 넣고 볶아도 좋다.

김치는 송송 썰어 참기름 · 깨소금 · 설탕을 넣어 무쳐 놓고 고추장에 설탕 · 참기름을 섞어 놓는다.

삶아 낸 국수를 찬물에 헹궈 소쿠리에 담아 물기를 뺀 후, 참기름과 소금을 넣어 섞어 놓고 거기에 볶아 놓은 고기와 무쳐 놓은 김치를 넣어 버무리면서 간을 봐 가며 양념 고추장을 넣는다.

다 된 후에 식초를 한 방울 떨어뜨려 비빈다.

참고

고기 양념은 앞에 있는 고기 분량을 맞추면 되고, 김치의 맛을 봐 가며 설탕을 넣어야 하므로 일부러 계량을 안 적

었다. 싱거우면 고추장을 더 넣고, 식초를 넣는 건 밀가루 냄새를 없애기 위해서인데 식초를 넣어야 김치맛도 더 나더라.

김치말이

준비

김치, 김칫국, 국국물, 깨소금, 참기름, 설탕, 식초

만들기

송송 썬 김치 2컵에 참기름 2작은술, 식초 2작은술, 설탕 2큰술, 깨소금을 넣어 무쳐 둔다.

국물 2컵에 김칫국을 넣어 설탕과 식초 · 소금 등으로 간을 맞춘 후 찬밥을 넣고 무쳐 놓은 김치를 넣어 섞고 간을 보아 참기름 · 설탕 · 식초를 넣는다.

참고

이북 사람들은 이 김치말이를 밤참으로 잘 해먹는데, 메밀묵을 길게 채 썰어 넣고 먹기도 하지.

김칫국은 배추김칫국도 넣지만 동치미국물을 많이 쓰고 편육이 있으면 얇게 저며 넣는데 없으면 안 넣어도 그만이고, 시원하고 싱싱한 맛으로 먹기 때문에 불고기 같은 건 잘 안 넣는다. 빈대떡도 찬 것이 있어서 넣으면 맛이 또 다르지.

자기 입맛에 맞게 하는 것이니까 대강만 간을 맞추고 설탕 · 깨소금 · 식초는 상에 놓으면 된다.

스파게티

준비

갈아 놓은 고기, 양송이, 양파, 토마토, 설탕, 토마토 소스, 토마토 페이스트, 파슬리 가루, 월계수잎, 타임(thyme), 오레가노(oregano)

만들기

냄비에 기름(올리브유면 더욱 좋고)을 두르고 다진 마늘 1큰술을 넣고 갈아 놓은 고기 400그램(2컵)과 누런 설탕 1큰술을 넣어 볶다가 썬 양파 1컵, 양송이 썬 것 2컵을 넣어 잘 섞은 후, 거기에 토마토 소스 2컵 정도(작은 캔으로 2개)와 토마토 페이스트를 같은 양으로 넣고 국국물을 2컵 정도 붓고 끓인다.

잘 끓으면 1작은술의 소금을 넣고 3장 정도의 월계수잎과 1과 1/2작은술의 오레가노, 1/4작은술의 타임을 넣고 최소 3~4시간 조린다. 타지 않게 가끔 주걱으로 젓는다.

3~4시간쯤 지난 후 월계수잎은 꺼내 버리고 고기완자(meat ball)를 만들어 끓는 소스에 넣어 고기가 익을 때까지 끓인다.

고기완자 만들기

고기 200그램에 간장 1큰술, 양파 다진 것 1/4컵, 소금 1/2작은술, 후추 1/2작은술, 계란물 2큰술, 깨소금 1큰술을 넣어 잘 치댄 후 지름 2센티미터 정도의 공 모양으로 만들어 쓴다.

참고

나는 스파게티 소스를 만들 때 약간 매운 맛을 내기 위해서 매운 고추를 두세 개 넣기도 하고 타바스코(tabasco) 소스를 넣기도 한다.

고기완자에는 보통 빵을 물에 적셔 넣기도 하고 치즈도 넣는데 나는 한국식으로 만들지. 서양식으로 하려면 치즈와 빵을 넣어도 되고 그건 너희 마음이다.

매운 맛이 나고 굵은 이태리 소시지를 넣으면 맛이 좋은데 서울에서는 사기가 힘들지. 가끔 호텔 베이커리에 있기는 하지만. 만들기가 번거로운 것 같아도 많이 해 놓고 한 끼 분량씩 플라스틱 통에 담아 냉동시켜 두고 쓰면 편리하다.

오래 끓여야 맛이 좋은데 텔레비전에서 5~10분 끓여 스파게티라고 만드는데 그것이 맛이 날지 의문이고.

스파게티 국수 삶는 법

큰 냄비에 물을 많이 붓고 거기에 식용유를 넣고 국수를 넣은 후 국수가 끓으면 5분정도 끓게 두었다가 불을 끄고 25~30분쯤 후에 냄비 뚜껑을 열고 꺼내면 된다. 계속 끓이지 않고 이렇게 해도 국수가 맛있게 되더라.

소쿠리에 건져 뜨거울 때 버

터를 넣으면 더 볶지 않아도 된다.

참고

이 국수를 접시에 담고 그 위에 스파게티 소스와 고기 완자를 몇 개 더 얹으면 보기가 좋지. 소스는 다른 그릇에 더 담아내면 더 드실 분은 더 들어도 되겠지.

스파게티에는 마늘빵이 어울리는데, 너희들이 다 잘하긴 하겠지만 적어 놓을까 한다. 프렌치빵을 사다가 먹기 좋은 크기로 썰어 놓고, 버터에 마늘 곱게 다진 것과 소금·파슬리 가루를 넣어 잘 섞은 후 빵의 양면에 바른다. 이것을 빵 모양 그대로 길게 은박지에 싸서 오븐에 구워도 되고 한 조각씩 토스트 오븐에 구워 내도 된다.

햄버거

준비

갈아 놓은 고기, 양파, 소금, 후춧가루, 깨소금, 간장, 토마토 케첩, 술

만들기

갈아 놓은 고기 400그램에 간장 1큰술을 넣어 잘 섞은 후 다진 양파 1/4컵을 넣고 소금 1작은술, 토마토 케첩 1큰술, 술 1큰술, 깨소금 1큰술을 넣어 잘 치댄다. 그것을 4등분하여 하나씩 비닐 종이에 놓고 햄버거 누르는 것이 있으면 그것을 쓰고, 없으면 접시를 가지고 꼭 누른다.

100그램짜리 햄버거면 꽤 크다. 이것을 구워서 빵에 얹어 먹는데 양상추를 놓고 그 위에 고기 구운 것을 놓고 토마토 케첩과 양겨자를 바른 후 양파 동그랗게 자른 것과 오이 피클을 얹은 후 빵 한 쪽을 덮고 먹으면 된다.

참고

고기는 양지머리·살코기·등심 등 여러 가지의 고기를 갈아 섞으면 한 가지의 고기보다 맛이 더 있다.

빵을 우유에 담갔다가 꼭 짜서 넣기도 하는데, 나는 안 넣은 것이 좋아서 그냥 한다.

이렇게 만든 햄버거를 하나씩 비닐 종이나 초종이에 싸서 냉동실에 넣어 두고 꺼내 녹은 후 쓰면 일요일 점심 같은 때에 한 끼니 쉽게 해결이 되지.

스크램블

준비

계란, 우유, 소금, 후추, 버터

만들기

계란 3개를 깨뜨려 그릇에 담고 거기에 우유 3큰술과 소금 1/4작은술을 넣은 후 잘 저어 놓는다.

프라이팬을 불에 달군 후 버터 1큰술을 넣어 녹으면 계란 푼 것을 한꺼번에 넣어 포크로 잘 저으면서 익힌다. 반쯤 익으면 뒤집고 즉시 접시에 담는다.

참고

토스트와 구운 베이컨이나 햄과 같이 먹으면 아침 식사가 충분히 된다.

러시안 수프

준비

고기, 양파, 양배추, 당근, 피망, 셀러리, 감자

만들기

고기는 깍두기쪽처럼 썬다. 야채들도 모두 같은 모양으로 썬다.

고기 600그램에 물 25컵을 붓고 끓이다가 고기가 어느 정도 익었을 때 야채들을 다 넣고 끓인다.

야채와 고기가 다 익으면 버터 1큰술과 같은 양의 밀가루를 프라이팬에 놓고 갈색이 되게 볶는다. 여기에 우유를 한 컵 넣고 끓고 있는 국국물을 넣어 잘 저은 후 쇠고기 맛난이(각설탕같이 생겼는데 쇠고기 맛을 내는 것과 닭고기 맛을 내는 것 등이 있다)를 넣고 다 녹을 때까지 저은 후 이것을 국에 넣고 토마토 케첩을 넣어 한소끔 더 끓여 낸다.

참고

고기와 야채를 끓인 국에 카레 조각을 넣어 끓여 밥 위에 얹으면 카레라이스가 되지. 만들어 놓고 며칠씩 먹어도 싫증이 안 나는 국이다.

고기는 양지머리도 좋고 사태도 좋다. 고기 600그램이면 야채별로 4컵이면 적당할 거고.

아기들에게 국만 끓인 다음 야채를 건져서 으깨 먹이면 잘 먹더라. 양송이를 함께 넣어도 좋다.

14 중국식

중국 음식은 너무나 다양해서 무엇을 써야 할지 모르겠어. 여기에 적은 것은 우리 나라 사람 입에 가장 잘 맞는다고 생각되는 것만 몇 가지 골라 적어 보는 거다. 응구네가 대만에 살면서 메모해 뒀던 것을 알려 주기도 했고, 내가 필리핀에서 살 때 중국 요리책 사다 놓고 그림으로 보아 그럴 듯하다든지 읽어 보아 괜찮겠다고 생각되는 것을 다 해 봤는데, 그 중 중국집(사천요리)에 가서 먹은 것 가운데 맛이 있었던 것과 우리 입에 맞는 걸 내 나름대로 만들었지.

탕수튀김옷

탕수육은 다들 좋아하는데, 쇠고기보다는 돼지고기가 연하고, 생선(도미)도 좋지. 냉동도 괜찮더라.

녹말가루 1컵에 물을 부어 하루쯤 가라앉혔다가 윗물은 따라 내고 젖은 녹말에 소금으로 간을 하고 물과 계란 푼 것을 조금만 (1접시거리에 2큰술쯤) 넣고 잘 저으면 좋은 튀김옷이 된다. 돼지고기 · 쇠고기 · 생선 등 무엇이든 튀길 수 있지.

돼지고기 1파운드에 간장 1큰술, 생강즙 1작은술을 넣어 잘 주무른다.

탕수국물

참고

이것은 탕수육(쇠고기 · 돼지고기), 탕수생선, 탕수두부 등 여러 가지에 쓰이기 때문에 적어둔다.

국국물 2컵

설탕 3/4컵

식초 3큰술

간장 1.5큰술

소금 약간

이것을 끓이다가 녹말물을 넣어 걸쭉하게 만들면 된다.

탕수육 할 때의 채소

탕수육을 할 때 채소를 넣게 되는데 날채소를 그냥 넣는 것보다 아래와 같이 채소를 절여서 넣으니까 맛이 더 좋더라.

무 · 오이 · 당근 등을 썰어서 빨간 고추와 1/2큰술의 소금을 뿌려 잠시 절였다가 씻은 후에 설탕 · 식초 각 3큰술을 뿌려 4~6시간쯤 지난 후에 꺼내 볶아서 쓰면 좋다. 이렇게 만든 채소는 새콤달콤해서 탕수국물과 잘 어울린다.

새우볼(슈림프볼)

준비

새우, 돼지고기, 마늘, 생강즙, 녹말가루, 술, 소금, 후춧가루, 계란 흰자, 튀김기름

만들기

다진 돼지고기 100그램에 마늘 1작은술, 생강즙 1/2작은술, 간장 1작은술을 넣고 볶아 놓는다.

새우(1파운드 정도)는 다져 놓든가 곱게 이기든가 갈든가 좋을 대로 하고, 볶아 놓은 돼지고기가 식었으면 섞어서 다시 다진다.

여기에 소금 1작은술, 계란 흰자 1개, 술 1작은술, 후춧가루 약간, 녹말가루 1큰술을 넣어 골고루 치댄 후(손으로 잡아서 그릇에 던지는 식으로. 그러면 맛이 쫄깃해진대.) 기름이 끓을 때 반죽을 왼손 엄지와 검지 사이로 꼭 짜면 자그마한 볼이 생기는데 그것을 수저로 똑똑 떠서 끓는 기름에 넣어 튀긴다. 겉이 노릇노릇해졌다가 약간 갈색이 됐을 때 꺼낸다.

소금·후추를 섞은 것에 찍어 먹는다.

참고

중국 사람들은 돼지고기가 아니고 순전히 돼지기름만 쓰던데, 그렇게 해야 부드럽다고 하더라만 사먹는 건 몰라도 집에서는 그렇게 못하겠더라.

새우는 까서 파는 것으로 사면 된다. 칼등으로 살살 이겨도 잘 다져진다.

오징어볼

준비

오징어, 돼지고기, 이하는 새우볼과 같다.

만들기

만드는 법은 새우볼과 똑같아. 다만 오징어니까 칼로 잘 다져야지.

참고

오징어를 사다가 몸통 쪽은 데쳐서 초고추장 찍어 먹고 머리쪽, 다리쪽을 다져 만들면 맛도 있고 알뜰하게 먹을 수 있지.

중국식 숙주나물

준비

숙주나물(머리와 꼬리를 딴다), 파, 마늘, 식초, 소금, 설탕, 피망이나 풋고추

만들기

팬에 기름을 두르고 끓으면 마늘과 파를 넣어 볶은 후 식초 1큰술, 소금 1작은술, 설탕 1작은술을 넣고 끓으면 준비해 놓은 숙주(3컵)를 넣고 빨리 볶아 낸다.

피망이나 풋고추를 숙주와 같은 길이로 썰어서 몇 개를 함께 넣어도 좋다.

콩파우치킨

준비

닭안심 또는 넓적다리(thighs), 땅콩 또는 아몬드, 마른 고추, 파, 생강, 계란, 술, 설탕, 후추, 녹말가루, 닭국물

만들기

닭(1/2파운드)을 먹기 좋은 크기로 자른 후 계란 1개, 소금 1/2작은술, 술 1큰술, 후추 약간을 넣고 잘 버무려 놓은 다음 녹말가루 1큰술을 섞어 놓는다.

소스는 닭국물 또는 국국물 · 간장 각각 2큰술, 식초 · 설탕 · 술 각각 1큰술, 마른 고추는 잘라 놓고 파와 생강은 채썰어 놓는다.

녹말 1큰술은 같은 양의 물을 부어 녹말물을 만들어 놓는다.

준비해 놓은 닭에 기름 1큰술을 잘 섞어 놓은 후 끓는 기름에 튀긴다.

튀겨 놓은 닭은 기름이 빠지게 건져 놓는다. 팬에 기름을 2큰술 두르고, 잘라 놓은 고추(2~3개)를 색깔이 검게 변할 때까지 볶은 후 채썰어 놓은 생강과 파를 넣고 잘 저은 후 소스를 넣는다. 끓으면 땅콩이나 아몬드를 넣고 튀겨 놓은 닭을 넣어 끓을 때 녹말물을 붓고 걸쭉해지면 상에 낸다.

참고

딱딱한 것이 좋으면 닭을 바삭하게 두 번 튀겨 내고, 소스는 위와 같이 만든 후 녹말물을 넣어 걸쭉하게 되면 막 튀겨 놓아 뜨거운 닭 위에 얹어 낸다.

사천식 매운 새우볶음
(Hot Spicy Shrimp;
Szechwan Style)

준비

깐 새우 또는 참새우(prawn), 물밤(water chestnut), 술, 계란, 녹말가루, 후추, 파, 마늘, 생강, 식초, 고추장 또는 핫소스, 케첩, 설탕, 소금, 국국물

만들기

새우 양념:

새우 2컵에 소금 1/4작은술, 계란 1개, 술 1큰술, 후추 약간을 넣고 잘 저은 후 녹말가루 1큰술을 섞어 놓는다.

소스:

고추장 · 다진 생강 · 다진 마늘 · 소금 각 1작은술, 토마토 케첩 2큰술, 설탕 · 술 1큰술, 국국물 · 다진 파 각 1/2컵, 식초 1/2작은술, 녹말가루 2큰술에 같은 양의 물을 섞은 것.

준비해 놓은 새우를 끓는 기름에 튀겨 기름이 빠지게 건져 놓는다.

팬에 기름 2큰술을 두른 후 마늘 · 생강 · 고추장 · 케첩을 넣어 볶다가 거품이 나기 시작하면 국국물을 붓고 소금 · 술 · 설탕을 넣어 끓인 후 튀겨 놓은 새우와 물밤 다진 것, 다진 파를 넣고 잘 뒤적거려 거기에 녹말물을 넣어 걸쭉해지면 식초를 넣고 참기름 한 방울을 떨어뜨려 접시에 담아 낸다.

참고

작은 새우나 큰 새우 어느 것이든 다 좋고 국국물은 보통 닭국물을 쓰는데, 미국에서는 캔에 든 것을 사다가 쓰면 편리할 거다. 스완슨(Swanson) 표가 더 좋더라.

누룽지탕

준비

누룽지, 닭국물, 작은 새우, 표고버섯, 죽순, 소금, 설탕, 녹말가루

만들기

닭국물 2컵 반, 새우 1/2컵, 표고버섯 · 죽순 각 1/4컵, 설탕 · 소금 각 1작은술.

새우는 위의 사천식 매운 새우 하는 것과 똑같이 준비해 두고, 표고버섯은 물에 불려 꼭지를 따 저며 놓고, 죽순도 빗살 모양으로 썰어 놓는다.

팬을 불에 얹어 뜨거워지면 기름을 두르고 준비해 놓은 새우를 먼저 볶다가 닭국물을 붓고 끓으면 표고버섯 · 죽순 · 소금 · 설탕을 넣어 끓인다.

국물맛을 보아 싱거우면 소금을 조금 더 넣어 간을 맞추어 끓이고, 다른 팬에 기름을 끓여 기름 온도가 높을 때에 누룽지를 튀겨 큰 국대접에 담고 만들어 놓은 국을 누룽지 위에 부어 낸다.

참고

토마토 케첩이 좋으면 기름이 끓을 때 토마토 케첩 4큰술을 넣고 잘 볶은 후 거기에 닭국물을 넣고 끓으면 위와 같은 방법으로 한다. 다 끓은 후 녹말가루 2큰술에 물 4큰술을 섞은 녹말물을 끓는 국에 넣어 걸쭉하게 되면 그것을 튀긴 누룽지 위에 붓는다. 완두콩을 넣어도 좋다.

맑은 국이 좋으면 위의 방법으로 하고, 걸쭉한 게 좋으면 아래 방법으로 하도록. 전문 중국 요리점에서는 일부러 찹쌀 누룽지를 만들어서 한다만, 우리 집에선 그냥 밥 누룽지를 해도 맛있게 먹지.

돼지고기 매운 수프
(Hot and Sour Soup)

준비

돼지고기, 두부, 햄, 표고버섯 불린 것, 간장, 식초, 파, 생강, 계란, 후추, 녹말가루, 설탕

만들기

돼지고기(50그램)에 간장·녹말가루 각 1작은술, 참기름 1/2작은술을 섞는다. 식초 3큰술, 간장, 실같이 썬 파와 생강 2큰술, 참기름·후추 각 1작은술을 섞어 그릇에 담아 놓는다①.

국국물 4컵에 소금 2작은술, 설탕 1작은술을 넣어 끓으면 버섯 불려서 썰어 놓은 것, 햄 각 2큰술과 두부 썬 것 1/3컵을 넣고 다시 끓으면 준비해 놓았던 돼지고기를 넣고 잘 끓인다(가끔 젓는다).

녹말가루 3큰술을 같은 양의 물에 섞은 녹말물을 끓는 국에 넣어 걸쭉하게 한 후 깨뜨려 놓은 계란 2개를 위의 국에 천천히 붓는데 이때 불을 끈다.

국이 다 되었으면 이 국을 ①의 그릇에 넣어 섞고 국대접에 담아 낸다.

참고

①을 다른 그릇에 만들어 섞는 것은 파와 생강의 향을 살리기 위해서니까 끓이지 말고 끓는 국을 붓기만 하도록. 이렇게 해야 돼지고기 누린내가 안 나고 맛이 있단다.

불을 끈 후에 계란 푼 것을 넣는 이유는 그렇게 해야 계란이 더 부드럽단다.

마파두부

준비

두부, 갈아 놓은 고기(쇠고기나 돼지고기), 다진 마늘, 고추장, 다진 파, 소금, 참기름, 녹말가루, 생강(돼지고기로 할 때), 설탕

만들기

두부 1모를 1센티미터 사방으로 썰어서 기름에 튀긴다.

팬에 기름(3큰술)을 두르고 갈아 놓은 고기 100그램을 볶다가 거기에 다진 마늘·소금 각 1작은술, 고추장·설탕 각 1큰술, 간장 2큰술, 국국물 1컵, 튀겨 놓은 두부를 넣고 3~4분 정도 끓인 후 녹말가루 2작은술을 같은 양의 물에 푼 것을 섞어 걸쭉하게 한 다음 파 다진 것 1큰술, 참기름 1작은술을 넣어 접시에 담는다.

굴 소스 쇠고기볶음
(Oyster Beef)

준비

고기, 콩껍질(snow peas), 파, 생강, 소금, 후추, 술, 계란, 녹말, 간장, 설탕, 굴 소스(oyster sauce), 국국물

만들기

치맛살고기(flank steak) 1/2파운드를 고기결 반대 방향으로 썰어서 소금 1/4 작은술, 계란 1개, 술 1큰술, 후추 약간에 잘 섞은 후 녹말가루 2큰술을 섞는다.

국국물과 술, 각 1과 1/2큰술에 간장·굴 소스 각 1큰술, 설탕 2작은술로 소스를 만들어 놓는다.

준비해 놓은 고기는 뜨거운 기름에 데쳐 내는 식으로 한다. 끓는 기름에서 건져 낸 고기는 체에 밭여 기름을 따르고, 다른 팬에 기름 1큰술을 넣어 끓으면 파 1대, 생강 2쪽을 저며 넣고 볶다가 데쳐 낸 고기와 콩껍질을 넣어 볶는다. 거기에 준비해 둔 소스를 넣어 끓으면 녹말가루 1큰술에 물 2큰술을 섞어 만든 녹말물을 풀어 걸쭉하게 만든 후 접시에 담는다.

참고

간 돼지고기를 쓸 때는 생강 다진 것을 조금 넣는다.

두부는 끓는 물에 데쳐 내도 되고 녹말가루에 묻혀 계란을 입혀 튀겨서 만들어도 좋더라.

찐만두

준비

이스트 반죽:

밀가루, 버터, 설탕, 이스트, 물

만두속:

돼지고기 간 것, 부추, 파, 마늘, 생강, 양파

만들기

따끈한 물 1과 3/4컵에 설탕 1/4컵을 넣어 설탕이 녹으면 이스트 1큰술을 넣어 약 5~10분쯤 지나면 이스트가 물 위로 떠오르게 된다. 이때 버터를 2큰술 넣고 버터가 녹으면 밀가루 6컵을 넣어 잘 치댄 다음 마른 행주를 덮어 따뜻한 곳에 둔다.

반죽한 것의 2배쯤 부풀면 다시 치대서 적당한 크기로 잘라 내어 동그랗게 밀어서 만두속을 넣고 빚는다. 만두가 커지면 찜통에 찐다(10분쯤 두면 되는데 온도에 따라 다르지).

만두속은 갈아 놓은 돼지고기에 다진 파, 다진 마늘, 다진 생강, 후춧가루·소금·간장·참기름을 넣고 젓가락으로 한쪽 방향으로 젓는다. 양념이 골고루 섞이고 고기가 차지게 되면 다진 양파와 송송 썰어 놓은 부추를 넣고 섞는다.

갈아 놓은 고기 1컵에 간장 1작은술과 소금 1/2작은술을 넣으면 고기의 간이 비슷하게 되고 다진 양파와 부추는 각 1/2컵을 넣는다.

참고

온도에 따라서 빵반죽이 빨리 부풀고 늦게 부풀고 하니까 반죽한 것을 보아서 처음 반죽한 것의 2배 가량 커지면 되는 거다.

이렇게 만든 반죽으로 찐빵을 해도 맛이 좋다. 꽃빵을 만들어서 부추잡채와 같이 먹어도 좋지.

돼지고기밀쌈
(Mush Pork)

준비

껍질:

밀가루 3컵, 끓는 물 1컵, 찬물 1/3컵, 참기름

속:

돼지고기, 양배추, 목이버섯(wood-ear), 죽순, 파, 마늘, 생강, 계란

만들기

껍질:

밀가루 3컵에 끓는 물 1컵을 붓고 버무린 후에 찬물 1/3컵을 더 넣고 잘 치댄 다음 뚜껑을 덮어 15~20분쯤 둔다.

반죽에 끈기가 생겨 겉이 반질반질하게 되면 반죽을 길게 늘여 송편만큼씩 떼어 손바닥으로 꼭꼭 눌러 지름 5센티미터 정도로 동그랗게 만든 후 밀대로 편편하게 민다. 한 쪽에 참기름을 바르고 다른 한 쪽은 맞덮은 후 밀대로 얇게 민다.

중간보다 약한 불에 기름을 넣지 말고 지지는데 반죽을 팬에 얹어 볼록볼록하게 되면 뒤집는다. 뒤집은 후 조금만 있으면 풍선같이 부푸는데 이때 꺼내서 부푼 데를 탁 치면 양편으로 갈라지면서 틈이 보이면 떼어 낸다(두 쪽이 된다).

참고

밀가루 3컵이면 지름 15센티 정도의 밀전병이 40개쯤 나온다. 얇을수록 좋긴 한데 밀기가 힘들지. 밀 때 겹쳐지면 나중에 잘 안 떨어지니까 주의하도록.

참기름 바를 때는 가장자리를 잘 발라야 뗄 때 잘 떨어진다.

속:

돼지고기는 5센티미터 정도의 길이로 가늘게 채썰어 계란흰자 · 소금 · 후추 · 술을 약간 넣어 재어 둔다. 양배추와 죽순도 같은 모양으로 썰어 놓고 목이버섯도 채썰어 놓는다. 파는 가늘게 채쳐 놓는다. 마늘 · 생강은 다져 놓는다.

불 위에 중국 냄비를 얹어 뜨거워지면 기름을 3컵 정도 붓고 기름이 조금 뜨거워지면 재어 놓았던 고기를 데치듯 튀겨 낸다(기름 온도는 섭씨 130도 정도로 너무 뜨겁지 않게).

양배추도 살짝 튀기고 죽순도 튀긴다. 목이버섯은 튀기지 않아도 되는데, 튀기고 싶으면 아주 약한 온도에서 살짝 튀길 것.

불 위에 중국 냄비를 얹어 뜨거워지면 다진 마늘과 생강을 볶다가 계란을 넣어 스크램블한 후 튀겨 낸 고기를

넣고 볶다가 양배추 · 죽순 · 버섯을 다 넣고 간장을 넣어 간을 맞춰 가며 볶아 낸 후 썰어 놓은 파를 넣고 골고루 섞는다.
밀전병에 호이신 소스(hoisin sauce)를 바르고 만들어 놓은 속을 넣고 싸서 먹는다.

참고

고기를 튀길 때 기름이 너무 뜨거우면 고기가 오그라드니까 너무 뜨겁지 않게 하고, 기름이 미지근하면 고기가 풀어지니까 적당한 온도에서 튀기도록.
고기를 기름에 넣기 전에 재어 놓은 고기에 기름을 3~4큰술쯤 넣으면 튀길 때 서로 붙지 않아서 좋지.
목이버섯은 끓는 기름에 넣으면 부엌 천정까지 튀어 붙으니까 양배추 등을 다 튀기고 나서 기름 온도가 떨어졌을 때 튀긴다.
파는 가늘게 채쳐서 물에 담가 매운 맛을 뺀 후 따로 접시에 담아 밀전병에 쌀 때 각자 입맛대로 넣는 것인데, 그렇게 하니까 복잡해서 나는 속 만들 때 그냥 넣는다.
밀가루 3컵으로 밀전병을 만들면 돼지고기는 1파운드면 되더라.
양배추는 썰어 놓은 것이 4컵 정도면 되고(튀기면 많이 줄게 되니까), 죽순은 1캔이면 조금 많고, 간장은 3큰술이면 적당하던데 호이신 소스를 발라야 하니까 너무 짠 것보다는 슴슴한 게 날 거다.
응구 어머니가 중국 음식점에서 배워 오신 건데 만들어 놓으면 중국 사람을 포함하여 다들 좋아하시더라.
밀전병은 얇을수록 맛이 있긴 한데 밀 때 자꾸 겹쳐지면 두 장으로 잘 떨어지지 않아서 힘들지. 그래도 한 번 밀어서 두 장이 착 나오면 얼마나 신기하다고.
호이신 소스가 없을 때는 중국 자장에 설탕과 굴 소스를 섞어서 만들어 써도 맛이 비슷하더라.

15 후식과 간단히 만들 수 있는 떡

우리 나라 음식에 후식은 참 많은데 집에서 쉽게 할 수 있는 것이 많지 않고 요리책을 보고 하기도 무척 힘들지. 강정이나 산자 등 맛이 아주 좋은 것이 많은데, 만들기가 복잡하고 정말로 기술자가 되어야 할 수 있는 것이 대부분이니까. 내가 필리핀에서 살 때 요리책을 보며 별별 것을 다 해 봤는데 방울강정이나 산자는 절대로 못하겠더라. 온도가 낮은 기름에 튀겨라, 타지 않게 튀겨라 등으로 씌어 있어서 그렇게 하느라고 해도 안 되더구나. 약과 만드느라고 밀가루와 참기름을 없애기도 많이 없앴지. 어떤 때는 다 풀어지고 어떤 때는 너무 딱딱해지고 집청 꿀에 튀긴 약과를 넣으면 '지지직' 소리가 나면서 들어가야 제대로 되는 건데 그렇게 되지도 않고. 나중에 서울에 와서 잘 알아들을 수 있을 만큼 된 후에야 제대로 되었지. 내가 너무나 속상했던 것을 생각해서 너희들이 쉽게 할 수 있는 것과 별로 실수가 없을 것으로만 적었다.

여기에 적은 떡은 쓴 대로만 하면 쉽게 해먹을 수 있는 거니까 쌀가루만 있으면 되는데 쌀가루는 방앗간에서 빻아 온 것이 좋다.

화전

준비

찹쌀가루, 소금, 끓는 물, 속(팥소), 부칠 기름, 시럽

만들기

찹쌀가루 1컵에 소금 1/4작은술을 넣고 끓는 물로 익반죽한다. 방앗간에서 빻아 온 가루와 식품점에서 산 가루는 다르기 때문에 물의 양을 적을 수가 없는데 만두 반죽보다 약간 질면 된다.

① 송편 하듯이 조금씩 반죽을 떼어 내서 동그랗게 만든 후 눌러서 기름에 지진다. 한쪽에 장식을 하려면 먼저 익히는 쪽을 충분히 익혀야 한다. 동그랗게 빚어 눌러서 대추 자른 것을 모양 있게 얹은 후 잠시만 익혀야 장식한 것의 색깔이 예쁘다.

② 타원형으로 만든 다음 가운데에 속을 넣고 한쪽을 맞덮으면 된다. 다 된 것에 시럽을 끼얹어 두었다가 낸다.

시럽 만들기

냄비에 설탕과 물(1/2컵)을 같은 양으로 넣고 불을 약하게 해서 끓인다. 절대로 젓지 말고 끓기 시작하면 불을 끄고 다 끓고 난 후에 꿀 2큰술을 넣는다.

참고

지질 때는 반드시 약한 불에서 지져야 한다. 불이 세면 익지 않고 타니까.

시럽을 만들 때는 설탕이 녹기 전에 저으면 설탕이 분리되어 시럽이 안 된다.

매과자

준비

밀가루, 생강즙, 설탕, 기름, 시럽(물 1컵, 설탕 1컵, 꿀 1컵, 생강 3쪽을 넣어 끓인다)

만들기

밀가루 3컵에 기름 1큰술을 넣고 잘 비벼댄 후 물 3/4컵에 설탕 1큰술, 생강즙·소금 각 1작은술을 섞은 물에 반죽을 한다. 반죽은 가로 2센티미터, 세로 3센티미터, 두께 2밀리미터로 자르고 세로로 세 군데에 칼집을 낸 후 제일 한가운데 칼집을 낸 데로 한쪽 끝을 넣어 꺼내면 리본 같은 모양이 된다.

그것을 기름에 튀겨 낸 후 시럽에 담가 설탕물이 밴 후에 꺼내서 잣가루를 뿌려 낸다.

튀길 때 기름 온도가 너무 높으면 타기만 하고 속이 익지 않으니까 전기면 섭씨 130도 정도로 맞춰서 튀기도록. 될 수 있는 한 얇게 밀어야 맛이 있다.

참고

매과자는 매잡과라고도 한단다.

화채

준비

오미자, 설탕, 꿀

만들기

오미자 국물:

오미자 1컵을 찬물에 헹군 다음 따끈한 물 10컵을 부어 12시간이 지나 물이 발갛게 우러났으면 헝겊자루에 밭여 놓는다.

위와 같이 만든 오미자 국물 3컵에 설탕시럽 1/4컵을 넣고 꿀 1큰술을 넣는다.

오미잣국을 화채 그릇에 담고 잣을 띄워 낸다.

수박화채

수박은 한 입 먹기 좋은 크기로 잘라 설탕을 뿌려 재어 놓는다. 잘라 놓은 수박 3컵에 설탕 3큰술을 넣으면 된다.

설탕에 재어 놓았던 수박을 화채 그릇에 담고 오미잣국을 부어 낸다.

복숭아화채

복숭아는 얇게 저며 채를 쳐 설탕을 넣어 재어 놓는다.

설탕에 재어 놓았던 복숭아에 오미잣국을 부어 낸다.

배화채

배는 껍질을 벗기고 얇게 저민다. 저민 배를 꽃 모양으로 잘라 오미잣국에 띄운다.

참고

오미자는 쇠그릇이나 스테인리스 그릇에 넣으면 색이 변하니까 사기 그릇이나 유리, 또는 플라스틱 그릇에 담아야 한다.

밭일 때도 샤 주머니 같은 데에서 걸러야 하고 기름기가 닿으면 안 된다.

수박화채 별첨

만들기

수박을 꼭지 달린 쪽으로 뚜껑같이 잘라 내고 수박살에 긴 젓가락으로 여기저기 꿀이 들어갈 수 있게 구멍을 낸 후 꿀을 넣고 뚜껑을 다시 봉한 후 종이를 물을 축여 덮는다.

수박이 들어갈 만한 냄비에 물을 붓고 준비한 수박을 넣고 한 시간쯤 찐다.

식은 후 냉장고에 넣어 차게 한 후 먹는다.

참고

강인희 선생님께서 『규합총서』에 나온 것을 재현하셨는데, 수박 알레르기가 있는 사람이나 노인들 잡수시기에 좋고, 특히 아기들이 먹어도 배탈이 안나서 좋다고 하시더라.

너무 단 수박이면 꿀을 조금만 넣도록.

식혜

준비

엿기름 가루, 쌀밥 또는 찹쌀밥, 레몬

만들기

엿기름 가루 2컵에 물 5컵을 부어 잠시 두었다가 체에 밭여 놓고 찌꺼기에 물 1컵 정도를 더 부어 바락바락 주물러 꼭 짠 물을 다시 체에 밭인다.

위에 잡티가 있게 되면 다시 한 번 고운 체에 밭여 놓고, 쌀 2컵을 씻어 같은 양의 물을 붓고 밥을 고슬고슬하게 짓는다.

뜨거운 밥을 보온밥통에 넣고 잘 가라앉은 엿기름 물을 밥 위에 살짝 붓고 설탕을 1큰술 정도 넣어 한 번 저어 전기밥솥의 보온 정도로 하여 6~7시간 지나면 밥풀이 몇 개 뜬다.

10개 정도의 밥풀이 뜨면 밥풀을 손가락으로 비벼 봐서 풀기가 전혀 없으면 다 삭은 것이고, 찐득하면 덜

약밥(약식)

삭은 거니까 반드시 다 삭은 다음에 밥알을 식혜밥으로 쓸 만큼만 잘 헹구어 물에 담아 냉장고에 넣어 두고 나머지 식혜물과 밥은 푹 끓여 밭여 둔다.

먹을 때는 잘 밭인 식혜물에 생강즙을 한 방울 떨어뜨려도 좋고, 레몬즙을 조금 넣어도 향이 좋다. 식혜밥 조금하고 잣을 띄워 낸다.

참고

엿기름을 많이 넣으면 설탕을 안 넣어도 물이 달다. 엿기름 밭인 물은 위에 아주 맑은 물만 쓰도록. 찌꺼기가 달 것같이 생각되겠지만 찌꺼기는 하나도 달지 않고 만들어 놓은 후에 지저분하기만 하더라.

전기밥솥에 밥을 하면 밥이 다 됐다는 '땡' 소리가 난 후 엿기름 밭인 물을 위에 붓고 주걱으로 한 번 휘저어 보온으로 해 놓으면 된다.

준비

찹쌀, 흑설탕, 간장, 참기름, 소금, 계핏가루, 밤, 대추

만들기

찹쌀 4컵을 5시간 정도 물에 불려 놓는다.

약밥물:

물 2컵, 흑설탕 2컵(꿀을 쓰려면 흑설탕을 그것만큼 덜 넣도록), 간장 · 참기름 각 3큰술, 소금 · 계핏가루 각 1작은술.

밤과 대추는 너희들 마음대로 넣으면 되고.

압력솥에 약밥물을 먼저 담고 불려 놓았던 쌀을 넣으면 쌀과 물하고 자작하게 될 거다.

솥에서 달랑달랑 끓는 소리가 나면 불을 조금 줄이고 2분간 두었다가 불을 더 줄여 1분간 두었다가 더 약한 불에 뜸을 잠깐 들이고 불을 끈다. 김이 나기 시작해서 2분 이상 두면 너무나 밥이 질척해지니까 2분 이상은 절대 두지 말 것.

다 된 후는 김을 완전히 뺀 후 뚜껑을 열고 약밥을 풀 때 잣을 뿌리도록.

다 식은 후 칼로 썰어도 되고 송편만큼씩 떼어 대추 모양으로 빚어서 대추 꼭지 자리에는 잣을 하나씩 박으면 모양이 예쁘지.

참고

대추는 가위로 자르고 물을 넣고 푹 끓여 조리에 밭여 씨만 버리고 그 물을 약밥물로 쓰면 좋다. 약밥은 압력솥에 하니까 편하더라.

약밥의 색깔을 예쁘게 하려면 팥물에 찹쌀을 불렸다가 하면 되지. 팥 1컵에 물 8컵 정도의 비율로 삶는데, 처음 팥이 끓기 시작하면 팥이 쪼글쪼글해지고 조금 더 삶으면 팥이 통통해지는데 이때 그 물을 따라 내어 약간 식으면 그 물에 씻어 놓은 찹쌀을 불린다. 이렇게 만든 약밥은 구수하고 색깔

이 곱지. 건져 놓은 팥은 팥밥을 지을 때 쓰면 되고.
주의할 점은 팥을 너무 오래 삶아 팥이 터지면 찹쌀에 팥물이 안 드니까 반드시 팥이 통통해질 때까지만 삶을 것.

전통식 약밥

준비

찹쌀, 밤, 대추, 잣, 황설탕, 흰설탕, 꿀, 참기름, 간장

만들기

찹쌀 4컵을 물에 담가 6~7시간 정도 불린다(6~7컵이 된다).

찜통에 물을 넣고 끓으면 베보자기를 깔고 불린 찹쌀을 넣어 찐다.

밤은 2컵을 까서 물 1/2컵을 넣어 끓이다가 황설탕과 흰설탕 각각 2큰술을 넣어 물이 자작해질 때까지 조린다.

대추 2컵을 씨를 빼고 3~4등분해 놓는다. 대추씨에 물을 3배 정도 넣고 끓여 대추가 푹 무르면 조리에 넣어 수저로 긁어 놓는다(1/2컵 정도 된다).

쪄 놓은 찹쌀을 큰 그릇에 담고 참기름과 간장 각각 4큰술, 꿀 5큰술, 흰설탕·황설탕 각 6큰술을 넣어 잘 섞은 후 잣 2큰술과 준비해 둔 대추, 대추 곤 물, 밤 조린 것을 섞어 중탕할 그릇에 담는다.

찜통이나 냄비에 물을 붓고 섞어 놓은 찹쌀밥을 중탕한다(6~8시간).

참고

중탕할 그릇에 담고 수증기가 약밥에 덜 떨어지게 가운데를 조금 높이는 것이 좋단다. 재래식으로 만들면 중탕하는 시간이 걸리긴 하지만 깊은 맛이 있고 식은 후 다시 찌면 색깔이 더 고와진다.

먹고 남은 약밥은 비닐 봉지에 넣어 냉동시켰다가 먹을 때는 자루째 찜통에 찌면 막 만든 것 같지.

팥소

만들기

팥을 1파운드 사다가 물을 10배 정도 붓고 푹 끓인다. 팥이 완전히 물러서 주걱으로 으깰 때 잘 으깨지면 그것을 체에 밭인 다음 체에 있는 찌꺼기가 완전히 껍질만 남았을 때 꼭 짜서 껍질은 버리고 체를 다시 한 번 잘 씻은 후 체에 밭였던 물을 다시 거른다.

다시 거른 물을 밀가루 자루나 통샤로 만든 자루에 넣고 물은 다 짜 버리고 자루에 남아 있는 앙금에 설탕과 꿀·소금을 넣어 볶는다(설탕 1.5컵, 꿀 1/4컵, 소금 1/2작은술).

앙금이니까 된 것 같았다가 조금 있으면 묽어지고 그 다음엔 펄떡펄떡 끓어 여기저기 다 튈 거다.

튀는 게 끝나면 구멍이 나면서 김이 여기저기 빠지는데 그렇게 되면 금방 다 된다. 물렁한 것같이 보여도 식으면 딱딱해지니까 김만 어느 정도 빠지면 불을 꺼. 냉동해 놓고 두고두고 먹어도 상하지 않고 좋지.

찹쌀로 떡을 만들어서 일본 찹쌀떡(앙코모치)을 해 먹어도 좋고, 화전 같은 것 속에 넣어도 좋고, 시간이 많을 때 만들어서 두고 먹으면 캔에 들어 있는 것보다 맛이 있지. 일본 앙코(팥소)는 너무 다니까 위의 분량대로 해서 덜 달면 설탕을 더 넣고. 내 입맛에 맞는 달기니까.

팥앙금을 더 볶아서 체에 한 번 쳐서 잘 말려 두고 가루로 쓰기도 한다.

생란

준비

생강, 조청, 꿀, 설탕, 잣가루

만들기

생강을 잘 씻고 껍질을 벗겨 강판에 간다. 강판에 간 생강을 망사 자루에 넣어 꼭 짠다. 꼭 짠 물을 한참 두면 생강 녹말이 가라앉게 된다.

냄비에 물을 넣고 끓으면 짜낸 생강을 넣고 한 번 끓인다.

끓인 생강은 다시 망사 자루에 넣어 꼭 짜 조청과 꿀·설탕에 조린다(강판에 갈아서 꼭 짠 생강 1컵일 때 끓이는 물은 5컵이면 되고 조청 1컵, 꿀 1/2컵, 설탕 1/2컵).

처음에는 약간 센불에서 끓이고 펄떡펄떡 끓기 시작하면 약한 불에서 2시간쯤 졸인 후 가라앉은 녹말을 붓고 1시간쯤 더 조린다. 조금 떼어 찬물에 떨어뜨려 보아 굳으면 불을 끄고 식혀 생강 모양을 만들고 잣가루를 씌워 접시에 담아 낸다.

참고

꿀보다 설탕이 많이 들어가면 딱딱해진다.

생강 끓여 낸 물로는 곶감을 넣어 수정과를 만들어도 좋고 꿀을 넣어 생강차를 해 마셔도 좋지. 생강을 끓이지 않고 그냥 졸이면 너무 맵더라.

생강 녹말을 넣어야 반짝거리고 잘 뭉쳐진다

마들렌
(Grand Marnier Madeleines)

준비

계란 3개, 계란 노른자 2개, 설탕 3/4컵, 그랑 마르니에 2큰술, 무염 버터 10큰술, 체에 친 밀가루 1과 1/4컵, 설탕

만들기

오븐을 350도로 예열, 마들렌 팬에 버터를 바르고 밀가루를 뿌려 놓는다.

천천히 끓는 물 위에 큰 볼을 놓고 계란과 계란 노른자를 뜨듯하게 한 후 볼을 끓는 물에서 내려놓고 소금을 아주 조금 넣은 후 전기 거품기로 거품을 낸다. 서서히 설탕을 넣어 가며 반죽이 하얗게 될 때까지 전기 거품기로 저은 다음 그랑 마르니에를 넣고 밀가루를 넣어 저속으로 섞은 후 버터를 넣고 이 반죽을 1큰술 넉넉히 담아 마들렌 팬에 담아 굽는다(15분 정도).

다 된 후에 꺼내서 경그레에 담아 식힌 후 밀가루 같은 설탕을 뿌린다.

참고

그랑 마르니에(Grand Marnier)란 프랑스의 마르니에 라포스톨사가 제조하는 리쾨르(liqueur)로서, 브랜디 원주(原酒)에 오렌지 껍질의 씁쓸한 맛을 가미한 오렌지 리쾨르를 말한다.

다른 방법의 마들렌

오븐을 375도(섭씨로는 190도)로 예열한다. 계란 4개에 설탕 2/3컵, 소금 1/4작은술을 전기 거품기로 8분 동안 섞은 후 밀가루 1컵과 바닐라 1작은술을 넣고 버터 1/4파운드를 넣는다.

슈크림

준비

버터 1/2컵, 물 1컵, 밀가루 1컵, 계란 4개, 소금 1/4작은술

만들기

끓는 물에 버터를 녹여 버터가 다 녹으면 밀가루를 한꺼번에 넣고 약한 불 위에서 익반죽을 한다.

밀가루가 덩어리가 되면 거기에 계란을 하나 깨뜨려 넣고 주걱으로 잘 젓는다. 반죽이 잘 섞이면 다시 계란을 한 개 더 넣고 하여 계란 4개를 다 넣을 때까지 같은 방법으로 반죽한다.

오븐의 온도는 400도(섭씨 205도)가 되게 예열해 놓고 이렇게 반죽한 것을 원하는 크기로 수저로 똑똑 떼어서 빵 굽는 판(baking sheet)에 기름을 바르지 않고 놓은 후에 포크로 반죽을 꼭꼭 찌른 다음(포크로 반죽을 찔러 주어야 다 구운 후에 속에 푸딩을 넣을 수 있게 구멍이 생긴다) 굽는다. 400도에 15분 동안 굽고 325도(섭씨 163도)에 25분간 굽는다.

다 된 다음에는 오븐에서 꺼내서 위쪽에서 1/3쯤 되는 데를 칼로 자르면 속이 비어 있게 되는데, 그 안에 바닐라 크림 푸딩을 넣는다(슈크림의 껍질).

바닐라 크림 푸딩

준비

설탕 1/3컵, 녹말가루 2큰술, 소금 1/8작은술, 우유 3컵, 계란 노른자 2개, 버터나 마가린 2큰술, 바닐라 1/4작은술

만들기

2Qt짜리 팬에 설탕과 옥수수 전분(녹말가루)과 소금을 섞어 잘 저어 놓는다①.

우유와 계란 노른자를 섞은 후 ①의 설탕과 녹말 섞은 물에 서서히 넣어 저으면서 중불에서 익힌다②.

푸딩이 걸쭉해지면 더 끓이고 1분 정도 더 저은 후 불에서 내리고 버터와 바닐라를 넣고, 이것을 그릇에 담아 차게 식힌다.

밤과자

껍질

계란 3개, 설탕 2컵, 버터 4온스(1스틱), 우유 6온스, 바닐라 2작은술, 베이킹 파우더 2작은술, 밀가루 6컵

만들기

밀가루에 베이킹 파우더를 섞어 놓는다. 설탕에 계란을 넣어 섞은 후 거기에 밀가루를 넣고 우유를 넣어가며 반죽한 다음 바닐라를 넣는다. 여기에 녹인 버터를 넣어, 이 반죽을 냉장고에 둔다(최소 6시간).

반죽이 좀 굳어진 후에 송편같이 빚는데 속은 팥소를 넣는다. 다 빚어진 과자 위에는 계란 노른자를 바른다.

오븐으로 예열 375도(섭씨 190도)에 30분 굽고 350도(섭씨 177도)에서 15분 정도 더 둔 다음 꺼낸다.

참고

빚을 때 속이 안 터지게 잘 빚어야 하는데, 반죽이 손에 잘 붙으니까 반죽에 소를 넣고는 비닐 종이에 싸서 뱅뱅 돌려야 되더라.

수젯

크레프(Crepe)만들기

준비

밀가루 1컵, 소금 1/2작은술, 버터 6큰술, 계란 4개, 우유 2컵

만들기

버터를 녹인 다음 소금과 밀가루·계란을 넣어 잘 저은 후 우유를 넣고 다시 저어 냉장고에 최소 2시간 정도 식혔다가 팬케이크를 만든다. 얇을수록 좋다.

오렌지 소스 만들기

설탕 1컵에 버터 1/2컵을 넣어 녹여서 끓을 때 오렌지 주스 1컵을 넣고 끓인다. 오렌지 껍질을 얇게 썰어서 함께 끓이면 더욱 좋다.

크레프를 만들어서 오렌지 소스가 끓을 때 집어 넣어 코팅하면 수젯이 되는데 고급으로 하려면 소스가 다 된 후에 코냑 같은 것을 넣어 불을 붙이면 향이 더 좋지.

백설기

준비

멥쌀가루, 설탕, 꿀

만들기

멥쌀가루를 체에 한 번 쳐 놓는다. 멥쌀가루 6컵에 설탕물 1/2컵과 꿀 1/4컵을 넣어 물을 내린다.

냄비에 물을 얹어 물이 펄펄 끓으면 시루나 찜그릇에 젖은 보자기를 깔고 물 내린 쌀가루를 넣고 위를 편편하게 한 후 젖은 보자기를 덮고 찐다.

밀가루 반죽을 만들어 시룻번을 바른다.

30~40분 정도 쪄 떡이 다 쪄졌으면 5분 동안 뜸을 들이고 불을 끈 후 꺼낸다.

참고

쌀가루마다 수분의 양이 다르기 때문에 위의 분량이 안 맞을 수도 있단다. 물 내린 가루를 꼭 쥐어 보아 겨우 뭉쳐지면 된 것이다.

처음부터 물을 너무 많이 넣지 말고 조금씩 봐 가며 넣어야 한다.

가루가 너무 질면 꿀만 넣어 물 내리고 설탕은 그냥 섞으면 된다.

시루에 앉히고 가루일 때 원하는 크기로 칼집을 내면 꺼냈을 때 칼로 다시 썰지 않아도 아주 예쁘게 되더라.

여기 적힌 분량은 방앗간에서 물내리지 않고 빻아 온 가루로 한 것이란다.

물을 내린다고 하는 것은 가루에 꿀물이나 설탕물을 넣어 잘 비빈 후 체에 내리는 것을 말한다.

두텁편

준비

멥쌀가루, 푸른팥고물, 꿀, 설탕

만들기

멥쌀가루 6컵에 꿀 또는 설탕시럽 3/4컵을 넣고 잘 비벼 체에 한 번 내린다. 여기에 잣가루 3/4컵을 넣어 섞는다.

떡찔 냄비에 물이 펄펄 끓으면 시루나 찜통에 젖은 보자기를 깔고 푸른팥고물 3/4컵을 깔고 물을 내려놓은 쌀가루를 편편하게 놓은 후 위에 다시 팥고물 3/4컵을 얹고 젖은 보자기를 고물에 닿지 않게 덮고 찐다.

30~40분이면 다 쪄지는데 떡냄새가 나면 나무 꼬치로 떡을 찔러 보아 떡가루가 안 묻어 나오면 불을 줄여 5분간 뜸을 들인 후 꺼낸다.

참고

설탕 시럽은 설탕과 물을 같은 양으로 넣고 중간보다 약한 불에서 설탕이 녹게 끓이면 된다. 잣가루는 없으면 넣지 않아도 되고.

보자기는 베보자기 같은 것이 좋고 물에 적시지 않으면 김이 잘 오르지 않는단다.

찔 때는 김이 새지 않게 밀가루 반죽으로 시룻번을 잘 붙여야 한다. 요사이는 냄비와 구멍 뚫린 찜통 위가 김이 새지 않도록 된 것도 있어서 그런 것을 쓰면 시룻번을 붙이지 않아도 되지.

쌀가루에 꿀이나 설탕물 등을 넣어 손으로 비벼 체에 치는 것을 물내린다고 하는데, 물을 너무 많이 넣으면 떡이 질고 물을 너무 조금 넣으면 떡이 잘 깨지더라. 적당한 것은 손으로 꼭 쥐어 보아 겨우 뭉쳐지면 된 것이다. 방앗간에서 쌀가루 빻아 올 때 물내리지 않고 빻아 온 것을 기준으로 적은 것이다.

푸른팥고물 만들기

반으로 쪼갠 푸른팥 4컵을 물에 담가 4~5시간 둔 후 양손으로 박박 비벼 껍질을 벗긴다.

껍질이 하나도 들어가지 않게 하나하나 골라 내고 찜통에 베보자기를 깔고 찐다.

팥이 다 익었으면 불을 약하게 해서 뜸을 들인 후 꺼내 어레미에 내린다.

어레미에 내린 팥에 황설탕 1/3컵과 흰설탕 1/2컵, 집간장 1큰술을 넣어 잘 섞은 후 냄비에 타지 않게 볶는다.

많이 만들었으면 냉동실에 넣어 두고 필요할 때 쓰면 된다.

송편

준비

멥쌀가루, 설탕, 물, 녹두, 푸른팥, 깨, 대추, 밤, 참기름, 소금, 솔잎

만들기

멥쌀을 잘 씻은 후 물에 담가 하루 저녁 지난 뒤 소금을 조금 넣어 빻아 놓는다(방앗간에서 빻으면 물을 내리지 말고 두 번 빻아 놓는다). 빻은 가루를 손으로 잘 비벼 고운체에 친다.

가루가 3컵일 때 끓는 설탕물 1/2컵을 넣어 익반죽을 해서 잘 치대 젖은 행주에 꼭 싸 놓는다(설탕물은 설탕 1에 물 6의 비율로 한다).

떡반죽을 작은 밤톨만하게 떼어 속을 넣어 송편을 빚는다.

시루에 잘 씻어 물기를 뺀 솔잎을 깔고 빚어 놓은 송편을 얹어 찐다.

다 쪄진 떡을 꺼내 찬물에 헹군 후 소금과 참기름을 발라 그릇에 담는다.

송편소

깨소:

볶아서 빻은 참깨 2큰술, 설탕 1큰술, 꿀 1작은술, 소금 약간.

이것을 수저로 잘 섞어 뭉쳐지게 해서 쓴다.

대추소:

대추를 씨를 빼고 칼로 곱게 다져 놓는다. 다진 대추 2큰술, 설탕 1작은술, 꿀 1/2작은술을 넣어 잘 섞어 쓴다.

밤소:

콩알만하게 썬 삶은 밤 1/2컵에 꿀 1큰술, 설탕 1작은술을 넣어 조린 다음 계핏가루 1/2작은술을 넣어 섞는다.

녹두소:

녹두를 반으로 타서 물에 담가 완전히 껍질을 벗긴 후 김 오르는 찜통에 찐다.

찐 녹두 1컵, 설탕 1/4컵, 소금 1/2작은술을 섞는다.

참고

송편을 빚을 때 소를 넣은 후 꼭꼭 쥐어 바람을 다 뺀 후 모양을 만들어야 찔 때 터지지 않는다. 헹구는 찬물에 소금과 기름을 부어 헹구면 손쉽다. (헹구는 물 2컵에 소금 1큰술과 참기름 1/2큰술의 비율로 넣으면 된다.)

솔잎을 시루에 깔고 그 위에 젖은 행주를 깔고 찌면 솔향기가 나고 송편 모양이 그대로여서 예쁘다.

파란색은 쑥으로 만들고 분홍색은 송기를 가지고 만드는데 송기 구하기가 힘들면 오미자 물로 색을 들여도 예쁘지.

쌀가루 1컵이면 송편 8개 정도가 된다(쌀 1되를 빻으면 쌀가루 12컵이다).

쑥갠떡

준비

쑥, 쌀, 설탕, 참기름, 소금

만들기

쑥은 잘 다듬어 깨끗이 씻어 끓는 소금물에 데쳐 찬물에 헹궈 찬물에 담가 둔다. 쌀은 잘 씻어 물에 담가 불려 놓는다.

데쳐서 꼭 짠 쑥 4컵에 불린 쌀 8컵을 섞어 소금을 넣어 방앗간에 가서 빻는다.

쑥과 쌀을 함께 빻은 가루 4컵에 끓는 설탕물(설탕 1에 물 6의 비율) 1/2컵을 넣어 익반죽하여 잘 치댄 후 메추리알 2개 정도의 크기로 떼어 동그랗게 빚은 후 떡살에 기름을 바르고 눌러 떡 모양을 만든다.

찜통에 헝겊 행주를 깔고 물이 펄펄 끓으면 만들어 놓은 떡을 40분간 찐다. 떡이 다 쪄졌으면 참기름과 소금을 바른다.

위의 떡가루 분량이면 참기름 1큰술에 볶은 소금 1/2 작은술을 넣어 소금을 잘 녹게 한 후 바른다(참기름 바를 때 소금을 너무 적게 넣으면 떡이 맛이 없다).

참고

쑥과 쌀을 함께 빻은 가루 4컵이면 떡이 12개 정도 나오지.

이른 봄에 나오는 연한 쑥은 데치지 않고 잘 씻기만 해서 쌀과 함께 빻아도 좋다. 데치지 않은 쑥을 빻으려면 쑥 8컵에 불린 쌀 2컵이면 된다.

쑥이 좀 억세면 데친 후 물을 자주 갈아 우려 내야 쓴맛이 없어진단다.

쑥을 4컵 데치면 1/2컵이 된다. 쑥과 쌀을 빻아다 냉동시켜 두고 쓰면 좋다.

쑥을 개서 만든 떡이기 때문에 쑥갠떡이라 하지.

경단

준비

떡:

찹쌀가루, 설탕, 물, 유자청, 대추

고물:

붉은팥고물, 흑임자, 콩가루

만들기

찹쌀가루 4컵에 끓는 설탕물 1/2컵을 넣어 익반죽한다(귓밥처럼).

설탕물:

설탕 1에 물 6의 비율

반죽을 은행알 2개 정도의 크기로 떼어 동그랗게 만든 후 펄펄 끓는 물에 삶아 찬물에 헹궈 고물을 입힌다.

팥고물:

앞 페이지 팥소 만든 것을 중간보다 약한 불에서 볶아 물기가 거의 다 없어졌으면 꺼내 말려 두고 쓴다. 이때는 팥소 만들기에서 꿀을 뺀다.

팥가루 3컵에 끓인 설탕시럽 1컵을 넣어 잠깐 불린 후 체에 쳐서 쓴다(설탕시럽: 설탕 1컵에 물 2컵의 비율).

흑임자:

흑임자를 물에 씻고 체에 밭여 물기를 뺀 후 타지 않게 볶는다. 볶아 낸 흑임자를 절구에 찧든지 블렌더에 갈아 곱게 체에 쳐 쓴다.

콩가루:

푸른콩이나 흰콩을 깨끗이 씻어 프라이팬에서 타지 않게 볶아 채반에 놓고 국수밀대 같은 것으로 밀면 콩껍질이 벗겨진다. 이것을 한번 까불러서 껍질을 벗겨 내고 소금을 조금 넣어 빻아 체로 쳐서 가루를 내 쓴다.

참고

경단에 속을 넣으려면 대추를 씨를 발려 내고 곱게 다져 유자청과 섞어 쓰면 된다.

경단 반죽을 할 때는 찹쌀가루를 체에 한 번 쳐서 반죽을 해야 몸이 곱지.

두텁단자

준비

찹쌀가루, 붉은팥가루, 밤, 대추, 유자청, 유자청 건지, 호두, 잣

만들기

찹쌀가루를 체로 쳐서 6컵을 준비한 후 끓는 설탕물 1/2컵(설탕 1에 물 2), 집간장 1큰술을 넣어 익반죽한다. 반죽은 귓밥 정도면 된다.

붉은팥가루 1컵 반에 설탕물(설탕 1에 물 2의 비율) 1/2컵을 넣어 잘 녹인 후 체에 쳐 놓는다.

대추는 씨를 빼고 다져 유자청에 섞어 놓는다. 밤은 삶아 설탕과 꿀 · 계핏가루를 약간 넣어 조려 콩알만하게 잘라 놓는다.

호두는 끓는 물에 넣어 속껍질을 벗기고 밤과 같은 크기로 잘라 놓는다. 유자청 건지도 밤과 같은 크기로 잘라 놓는다.

반죽을 메추리알만큼 떼어 우물을 파고 대추 · 밤 · 유자 · 호두 · 잣 2개를 넣고 아물려 꼭꼭 쥐어 바람을 빼고 끓는 물에 삶는다.

잘 끓어 둥둥 뜨면 찬물을 조금 넣어 다시 한 번 끓인 후 찬물에 담근 후 준비해 둔 팥고물을 묻힌다.

팥고물을 묻힐 때는 고물을 쟁반에 펼쳐 놓고 쟁반을 흔들면 된다.

참고

속을 한 개씩 넣으려면 시간이 많이 걸리니까 속만 따로 한 개거리씩 만들어 반죽에 하나씩 넣으면 쉽지. 빚을 때는 손으로 꼭꼭 쥐어 속에 바람을 빼야 삶을 때 터지지 않는단다.

찹쌀가루마다 수분이 다르기 때문에 물을 부어 가며 반죽할 때 귓밥 정도가 되게 만들어야 한다.

찹쌀가루 6컵이면 40개 정도의 단자가 된다.

찹쌀부꾸미 · 수수부꾸미

준비

찹쌀가루, 끓는 물, 설탕, 푸른팥고물, 식용유

만들기

찹쌀가루는 체로 한 번 쳐서 8컵을 준비한다. 찹쌀가루에 끓는 물 1컵을 넣어 익반죽한다.

속은 푸른팥고물로 만드는데 앞에 있는 푸른팥고물에서 설탕과 간장을 빼고 대신 소금을 넣는다. 푸른팥속 1/2컵에 소금 1/4작은술을 넣어 손으로 꼭꼭 쥐어 속을 만든다. 한 개가 2작은술 정도면 된다.

익반죽한 찹쌀을 2.5센티미터 정도의 지름으로 동그랗게 떼어 5밀리미터의 두께로 납작하게 만들어 프라이팬에 기름을 두르고 약한 불에서 수저 뒤로 꼭꼭 눌러 가며 지진다.

한쪽이 다 지져졌으면 뒤집어 놓고 팥속을 넣고 한쪽을 붙여 반달 모양이 되게 한 후 꺼내 설탕을 뿌린다.

수수부꾸미는 차수수를 물에 담가 2~3일 동안 물을 갈아 줘 가며 떫은 맛을 뺀 후 가루를 만들어 체로 한 번 친 후 찹쌀가루를 섞고(수수 5에 찹쌀 1의 비율) 반죽하여 위의 찹쌀부꾸미와 같은 방법으로 한다.

참고

단것이 좋으면 붉은팥고물을 써도 되는데 이때에는 계핏가루를 약간 넣는 것이 좋아. 찹쌀가루는 방앗간에서 빻아 오면 소금을 넣어서 빻아 준다.

16 손님 접대용

우리는 결혼 초부터 손님이 많이 오셨지. 사람을 좋아하기도 하고, 특히 언니가 음식하기를 좋아하고 또 맛있게 하고. 언니가 음식은 척척 해 주니까 난 음식 나르고 설거지만 하면 됐었거든. 그런데 언니네가 미국으로 이사하고 나니까 그때부터 나 혼자 해야 하는데 맛도 언니가 한 것 같지 않고 특히 시간이 없어서 너무 힘들었다. 일찍 안 배운 걸 후회도 했고. 내가 가르쳐 달라고 하면 언니가 가르치기 싫어하기도 하고 한 번 말해 주면 잘못 알아듣고 자꾸 질문하니 귀찮으니까 그냥 당신이 다 해 버렸거든. 원망도 했었지. 음식할 때 말하면서 하면 정신 집중이 되지 않아 음식맛이 제대로 안 될 때가 있긴 하지. 어쨌거나 그 후부터 언니가 가르쳐 준 기본 가지고 비슷하게 하느라고 공부 많이 했지. 손님도 자꾸 대접하다 보니까 슬슬 솜씨가 늘더라.

손님이 오시면 음식을 얼마큼 해야 되는지 몰라서 보통 많이 남거나 모자라거나 하는데, 손님 한 분이 평균 밥과 국을 포함해서 350그램쯤이면 되고, 아주 식욕이 좋은 젊은 사람이나 미국 사람들은 500그램 정도까지 잡수시더라. 한 사람이 보통 접시로 한 접시면 대강은 맞아.

오신 손님은 누구였고, 뭘 대접했었고, 무슨 음식을 좋아하셨고 등등을 다 적어 두면 다음번에 또 오시게 될 때는 참고가 되겠지.

손님 접대시 조금 쉽게 하는 요령은,

식단을 짜고(예산이 있으면 예산에 맞추어, 식성을 알면 식성에 맞추어), 식단에 맞추어 재료를 사다가 손질해 놓으면 반 이상은 한 거다.

식단을 짤 때는,

전채요리 · 채소(더운채 · 찬채) · 찜 · 구이 · 저냐 · 국 · 밥 · 차(茶)와 과일 등이면 되고, 여기에 인원수에 맞추어 종류별로 더 넣으면 되리라고 본다. 미국에서는 조금씩 여러 가지보다 메인 디시(main dish)를 듬뿍 해야 될 거구, 한국에서는 조금씩 여러 가지를 해 놓는 게 좋은 것 같더라. 한 가지를 많이 하나 조금씩 여러 가지를 하나 시간에는 별로 큰 차이가 안 나지. 여러 가지를 하면 물론 시간이 조금 더 걸리긴 하겠지만 내 말은 그렇게 더 많이 들지는 않는다는 거지.

점심이면 더운채 · 찬채 · 저냐 · 구이에다가 일품 요리 한 가지에 국이면 될 거구.

만드는 요령은 식단에 맞추어 준비해 놓은 재료를 채소 · 양념류 · 고기 · 생선 등 종류별로 놓은 다음 도마를 덜 씻고 할 수 있는 순서대로 썰고, 다지고, 채치고 등등 하면 시간이 덜 걸릴 거다.

냉장고에 파 · 마늘 · 생강 등을 다져서 통에 넣어 두면 일할 때 훨씬 수월하지.

고기도 사오면 써야 할 용도별로 썰어서 비닐 종이에 싸서 이름을 붙여 두면 급할 때 좋단다. 시간이 많지 않을 때는 먼저 해야 할 것과 나중에 해야 할 것을 구분해서 하고, 국도 끓이고 나물도 해야 하면 국 먼저 얹어 놓고 채소 썰고 하는 식으로 대접할 음식은 다 써서 잘 볼 수 있는 곳에 붙여 두는 것이 좋다.

안 써 붙이면 가끔은 손님이 가신 후에 대접 못한 음식이 한 접시쯤 나오기도 하니까. 외국인을 초대할 때면 나는 고정 메뉴로 빈대떡 · 잡채 · 불고기 · 돼지갈비 또는 닭강정을 거의 매번 넣고 그 이외의 것을 하는데, 모두들 좋아하기 때문이기도 하고 잡채와 불고기 · 김치는 우리 음식의 대표이기도 하니까.

미리 연락 없이 손님이 오셨는데 식사 때는 되고 준비해 놓은 것이 없을 때는 우선 밥을 지으려면 쌀부터 씻어 놓고, 전기 밥솥에 하려면 시간이 너무 걸리니까 냄비에 하는 것이 훨씬 빠르지.

쌀 4컵을 기준으로 하면, 쌀을 먼저 씻어 놓고 물을 5컵 끓이고 물이 끓기 시작하면 씻어 놓은 쌀 4컵을 끓는 물에 넣어 한 번 젓는다. 불을 조금 약하게 하여 더 끓게 두고 물이 거의 다 잦아들면 불을 더 약하게 해서 5분쯤 더 뜸을 들인 후 불을 끈 다음 10분쯤 후에 밥을 푸면 된다. 쌀이 불어 있는 상태에 따라 물의 양이 약간 다르게 될 거다. 손님 접대시에 써 있는 식단 중 대접할 메뉴를 고르면 되고.

앞에 써 있지 않은 것을 여기에 적는다.

손님 접대용 식단

전채요리
겨자채, 구절판, 편육 종류, 장산적, 튀김만두

더운채
잡채, 도라지, 고사리, 오이나물, 호박볶음, 피망이나 고추잡채

찬채
시금치나물, 무생채, 오이선, 묵 종류

찜 종류
갈비찜, 닭강정, 생선찜, 일본식 닭조림(데리야키), 새우찜, 북어찜, 두부찜

구이
불고기, 돼지고기구이, 갈비구이, 돼지갈비구이, 생선구이

저냐 종류
빈대떡, 고기전, 생선전, 돈전, 고추전, 새우전, 굴파전, 게살전, 두부부침

국 종류
신선로, 야챗국, 만둣국, 누룽지탕

기타
김밥, 볶음밥, 만두, 비빔밥, 김칫밥, 냉면

후식
과일, 차 종류

겨자채

준비

오이, 배, 당근, 해파리, 새우, 편육 등

만들기

해파리는 찬물에 담가 짠물을 빼야 하는데 자주 물을 갈아주어 짠물이 다 빠지게 되면 부드러워진다.

해파리 썰어 놓은 것을 샀으면 먹기 좋은 길이로 썰고, 집에서 썰 거면 먼저 알맞은 길이로 자른 후 채썰어(2컵) 짠물을 더 뺀다. 짠맛이 하나도 없을 때 끓는 물에 담그면 해파리가 오그라드는데 찬물에 씻어 놓고 마늘 1큰술에 식초 1큰술, 설탕 3큰술을 넣어 잘 저은 후 체에 밭여 그 식촛물을 씻어 놓은 해파리에 부으면 해파리가 다시 부드러워진다.

오이와 당근을 채쳐서 절여 놓고(절인 것 1컵), 편육은 채소와 같은 모양으로 썰어 놓는다(1컵).

새우를 쓰려면 맥주를 넣어 삶은 새우 6마리는 반으로 갈라 설탕, 식초 각 1작은술과 소금 1/4작은술을 섞은 식촛물에 담갔다가 쓴다.

이것을 다 섞고 거기에 겨자장을 넣고 버무리면 된다(겨자 2큰술일 때의 겨자장: 25페이지 참고).

참고

여기에 있는 재료를 다 넣을 필요는 없고 있는 채소만 넣고 해도 된다.

숙주도 거두절미해서 쓰면 되고, 맛살을 넣어도 되고, 배가 없을 때는 무를 넣어도 된다.

구절판

준비

고기, 표고버섯, 당근, 오이, 풋고추, 죽순이나 무, 계란, 밀가루, 양념

만들기

고기(100그램)는 결대로 얇게 채를 썬 다음 불고기 양념을 해서 볶는다.

표고버섯 불려서 채썬 것 1/3컵은 불고기 양념장을 체에 내려 그 간장에 볶는다.

당근 · 오이 · 무는 1컵을 채 썰어 각각 소금 1작은술을 넣어 절인 다음 꼭 짜서 프라이팬에 기름을 두르고 채친 풋고추 1/2컵에 소금 1작은술을 넣어 볶는다.

죽순(1/2컵)은 가늘게 채쳐서 소금을 1/4작은술 넣어 볶는다.

계란(2개)은 황 · 백으로 갈라 지단을 부쳐 채썰어 놓는다.

다 된 채소와 고기 볶은 것, 버섯 · 지단 등을 구절판에 놓는다.

참고

계란지단 부칠 때는 소금을 넣고 저어 체에 한 번 밭이고 거품을 다 걷어 내고 부쳐야 예쁘게 된다.

밀전병 부치기

밀가루 1컵에 소금 1/2작은술과 찬물 1/2컵을 넣어 질척한 반죽을 한 후 찬물 1컵을 위에 더 부어 냉장고에 둔다.

6시간 이상 둔 다음 블렌더에 갈아 고운 체에 받친 후 약한 불에서 프라이팬을 달궈 기름을 두르고 종이 냅킨으로 기름을 닦아 낸 후 한 수저씩 떠서 전병을 부친다.

전병을 그릇에 담고 잣가루를 뿌린다. 잣가루가 없으면 밀전병 사이사이에 쑥갓잎이라도 놓아야 서로 붙지 않는다.

밀전병 부치기는 좀 어렵다. 계란을 넣어라, 녹말을 넣어라 하는데 다 안 맞는 이야기고 물과 소금만 넣어야 된다. 미리 반죽하고 소금을 넣어 끈기가 생겨야 잘 부쳐지는 거고.

요사이 음식점에서는 밀전병 대신 무를 얇게 저며 새콤달콤하게 만들어 밀전병 대신 놓는데 맛이 별로지.

서양 사람들은 구절판을 한국 타코(멕시코식)냐고 물어서 나는 서양 사람한테는 절대로 구절판을 안 해 준단다.

신선로

준비

고기, 양파, 생선, 표고버섯, 계란, 풋고추(청 · 홍), 잣, 은행

만들기

고기는 너비아니거리로 썰어 칼집을 낸 후 불고기 양념장으로 재어 저냐를 부쳐 놓는다. 생선은 포를 떠서 소금과 후추를 뿌려 저냐를 부쳐 놓는다.

고기를 송송 썰어 설탕을 뺀 불고기 양념장으로 양파와 함께 섞어 놓는다.

한 사람분짜리 신선로틀 밑에 고기와 양파를 깔고, 그 다음에 고기전을 그릇에 맞게 썰어 예쁘게 돌려 담고, 그 다음에 생선전을 고기전과 같이 담은 후 맨 위에 표고버섯 · 계란지단 · 풋고추 · 잣 · 은행 등으로 장식한다.

은행은 껍질을 까서 프라이팬에 불을 약하게 하고 기름을 조금만 두르고 소금을 뿌려 볶으면 파랗게 되는데 이것을 꺼내서 종이 냅킨에 닦으면 된다.

전통식 신선로

준비(4인분 1틀분)
고기, 생선, 처녑, 무, 양파, 당근, 미나리, 표고버섯, 석이버섯, 계란, 밀가루, 두부, 호두, 잣, 은행

양념
간장, 국간장, 파, 마늘, 생강, 참기름, 깨소금, 후춧가루, 설탕

만들기
쇠고기는 등심이나 안심을 300그램 준비하여 2밀리미터 두께로 저며 100그램 정도를 썰어 앞뒤로 잔칼질하여 양념장에 재워 둔 뒤 밀가루를 입히고 계란 씌워 저냐를 부친다.

양념장(고기 100그램분): 간장 2작은술, 설탕 1/2작은술, 다진 파 1작은술, 참기름 1작은술, 깨소금 1작은술, 다진 마늘 1/2작은술.

남은 고기에서 150그램 정도(3/4컵)를 송송 썰고 중간 크기의 양파 1/2개를 길이로 반 잘라 채썬 후 양념하여 신선로틀 맨 밑에 깐다.

양념(고기150그램분 3/4컵과 양파 1/2개를 합친 것: 모두 1컵이 된다): 간장 1큰술, 국간장 1작은술, 참기름·설탕 1/2작은술, 후춧가루 약간.

쓰고 남은 고기에 무와 버섯 꼭지, 쓰고 남은 당근 등을 넣어 끓여 국국물을 만든다.

살코기로 1큰술을 떼어 잘 다진 후 두부 으깬 것 1작은술을 넣고 양념하여 완자를 빚은 후 밀가루에 굴리고 계란을 입혀 동글동글 지진다(20개 정도).

생선 저민 것은 쇠고기 저민 것과 같은 분량이면 된다. 소금·후춧가루를 뿌려 둔다. 냉동 생선을 쓸 경우에는 찬물 1컵에 굵은 소금 1큰술을 넣어 잘 녹인 후 저민 생선을 넣고 생선이 다 녹으면 채반에 물기를 뺀 다음 후춧가루를 뿌려 둔다. 밀가루를 입히고 계란을 씌워서 저냐를 부친다.

처녑은 손바닥 크기 1장이면 되는데 손질하는 방법은 밀가루를 처녑에 흠씬 뿌린 후 잘 주물러 찬물로 깨끗이 씻고 다시 굵은 소금을 뿌려 주물러 씻은 후 끓는 소금물에 한 장씩 데쳐 내어 손으로 비비면 검정 껍질이 벗겨진다.

이것에 소금·후춧가루·생강즙을 조금 넣어 주물러 간이 배게 한 후 계란 흰자위만 가지고 저냐를 부친다.

미나리는 잎을 따 내고 줄기쪽만 가지런히 간추려 꼬챙이로 꿴 후 초대를 부친다.

표고버섯은 따뜻한 물에 불린 후 살이 너무 많은 데는 저며 내고 신선로 틀에 맞게 자른 후 간장·설탕·참기름으로 무쳐 살짝 볶아 놓는다.

석이버섯은 뜨거운 물에 담가 배꼽을 떼고 잘 말려 가루로 만든 후 석이가루 1작

은술에 물 3작은술을 부어 잘 불린 후 계란 흰자 2큰술을 넣어 지단을 부쳐 놓는다.
당근은 소금물에 살짝 데친다. 계란은 흰자와 노른자로 갈라 소금을 조금 넣고 지단을 부친다.
호두는 뜨거운 물에 잠시 넣었다가 꺼내 속껍질을 벗긴다(1/2쪽짜리 4개). 잣은 꼭지를 딴다. 은행은 불이 약한 프라이팬에 소금을 조금 치고 볶아 껍질을 벗긴다.
준비가 다 됐으면 고기 깐 위에 고기전을 크기에 맞춰 썰어 담고 그 위에 생선전을 담은 후 4등분하여 당근 · 표고 · 석이지단 · 계란 황백지단 · 미나리 초대 · 처녑전 · 고기전 · 생선전 등을 색맞춰 담고 호두 · 잣 · 은행으로 꾸미를 한 후 국물을 넣고 가운데 화통에 숯불을 넣어 끓이면서 먹는다.

참고

4인분 신선로에는 계란이 4개 정도 든다. 계란 4개를 황 · 백으로 갈라 먼저 노란 지단 4쪽 정도가 되게 2큰술 정도 떠서 만들고 흰 지단도 만든 후 석이 지단과 처녑전에 흰자를 쓰고 남은 흰자 · 노른자를 합쳐 미나리 초대 부치고 생선전과 고기전을 부치면 된다.
계란을 저을 때는 나무젓가락으로 그릇 밑에 닿게 저어야 거품이 덜 난다. 다 젓고 나서는 체에 밭여야 얌전하게 되지.
완자를 만들 때는 고기 1큰술에 밀가루는 1작은술 정도를 쓰면 되는데 쟁반에 밀가루를 뿌리고 완자를 놓아 쟁반을 흔든 후 계란 물에 넣고는 이것을 체로 밭여 프라이팬에 놓고 프라이팬 자체를 흔들어야 쉽다.
저냐를 부칠 때는 프라이팬을 먼저 달군 후 기름을 붓고 불이 약해야 깨끗하게 부쳐진단다. 한 번만 뒤집어야 깨끗하다.
간이 맞아야 하니까 계란에 반드시 소금을 넣어야 하고 계란은 깨뜨려 잠시 두어야 색깔이 더 고와진다.
국물을 만들 때는 신선로를 만들 때 쓰던 채소 옆구리 남은 것을 다 넣으면 담박하고 맛이 있다.
표고버섯은 한 번 씻어서 불리고 불린 물을 국물에 넣으면 버섯향이 있어서 좋더라. 버섯 기둥도 국물에 넣으면 좋고.
4인용 틀에 국물 1컵 들고 다시 여유분으로 1컵을 더 준비해 둬야 국물을 다 드셨을 때 더 부어 드릴 수 있겠지.

오이선

준비

오이, 고기, 표고버섯, 계란 지단, 식촛물, 실고추

만들기

오이는 3~4센티미터 길이로 잘라 반으로 가른 후(반원 모양) 짭짤한 소금물(물 1컵에 굵은 소금 1큰술)에 넣어 숨이 죽으면 비스듬히 칼집을 내서 같은 소금물에 절인다.

오이가 다 절여졌으면 베보자기에 싸서 무거운 것으로 눌러 오이가 아작해지면 프라이팬에 참기름을 조금 두르고 눌러진 오이를 볶아 식힌다.

고기 · 표고버섯 · 계란지단은 위의 구절판 하는 것과 똑같다.

볶아 낸 오이에 칼집 낸 사이사이마다 고기 · 버섯 · 지단과 실고추를 넣고 상에 내기 1시간 전에 겨자 촛물을 부어 두었다가 상에 낼 때는 겨자 촛물을 쏟아 버리고 낸다.

여기에 넣는 겨자 촛물은 식초 1/3컵, 물 · 설탕 각 1큰술, 꽃소금 1작은술, 겨자 갠 것 2작은술이면 된다. 맛보기로 내는 거니까 한 사람당 2~3쪽이면 될 거다. 만들어 놓으면 보기에 그럴듯하지.

생선찜

준비

고기, 생선, 무, 당근, 표고버섯, 미나리, 풋고추, 계란, 밀가루

만들기

생선은 포를 떠서(12장) 소금과 후추를 뿌려 놓는다.

채로 썬 고기 1/2컵에 간장 2작은술, 다진 마늘 1작은술, 후춧가루 약간, 참기름 1작은술로 양념해 놓는다.

마른 표고버섯 2~3장은 물에 불려 곱게 채썰어 간장, 참기름, 설탕 약간을 넣어 무쳐 놓고, 채썬 무 1컵은 소금 1/2작은술을 넣어 절인 후 참기름과 생강즙 약간을 넣어 버무려 둔다.

채썰어 놓은 당근은 기름을 조금만 두르고 소금을 넣어 살짝 볶아 놓고 풋고추는 씨를 빼고 가늘게 썰어 놓는다.

찜을 할 그릇에 밑에 양념한 고기와 버무려 둔 무를 섞어 반은 깔아 놓는다. 소금·후추를 뿌린 생선에 밀가루를 칠해서 고기와 무 양념한 위에 놓고 계란물을 바른 후 반 남은 고기와 무를 놓고, 그 위에 다시 생선을 놓은 다음 계란물을 바른다. 그 위에 당근·표고버섯·계란지단·풋고추로 장식하고 이것을 찜통에 넣어 찐다.

국물은 쓰고 남은 채소들을 섞어 끓여 간장이나 소금으로 간을 한다. 쪄 낸 생선에 국물을 부어 낸다.

참고

냉동 생선을 쓸 경우에는 소금·후추를 뿌린 생선에 참기름을 발라서 쓰면 맛이 냉동 아닌 것과 비슷하다.

장식을 할 때는 어려운 것은 안 해도 되고 쉬운 것만 골라서 얹어도 된다. 잡채를 같이 하게 되면 잡채 볶은 채소들을 보기 좋게 장식해도 되니까 생선전 하기보다도 쉽지.

17 아기에게 해먹일 수 있는 음식

금년 여름에는 네가 아이들을 데리고 와서 함께 지내 참 즐거웠었지. 혜준인 재롱이 많이 늘었구 연준인 7개월이 되어 이도 나고 기어다니고 얘기하면 알아듣는 듯도 했고 말이다. 외가에서 오겠다는 소식만 들으면 애아범 어렸을 때 해먹이던 것같이 채소죽·고기죽 등을 쑤어 주면 하도 잘 먹어 흐뭇했었지. 생선죽도 잘 먹고. 어느 날은 준비되어 있는 것이 없어서 빵죽을 해 주었는데 그것도 잘 먹더구나. 30년 전의 음식이나 지금 거나 같은 재료로 했는데 잘 먹는 걸 보면 입맛은 같은 모양이더라. 시중에서 파는 아기용 음식 안 먹이고 집에서 정성으로 해먹였는데 잘 먹어 주니 좋았고. 특히 연준이가 간 후에 아기 이유식에 사료용으로 수입된 무슨 가루를 넣었다는 기사가 신문에 크게 나니 우리가 좀 번거로웠어도 아기한테 죽을 해서 먹인 것이 퍽 잘 한 것 같은 생각이 들더라.

미국에서도 그 흔한 이유식 별로 안 사먹이고 될 수 있는 대로 집에서 깨끗한 재료로 정성들여 아기밥 만들어 먹이던 네가 자랑스럽기도 하고, 고맙기도 하고. 너의 친정어머님의 가르침이 돋보이기도 했지. 내가 자꾸만 얘기해서 해먹이기보다 네가 자발적으로 하니까 더욱 좋고.

어려서 이것저것 골고루 먹은 애들은 건강하고 커서도 편식을 안 하지. 엄마인 네가 잘 알아서 해먹이지만 365일 세 끼씩 꼬박꼬박 해먹이다 보면 "오늘은 또 뭘 해주지?" 할 때가 있을 것 같아서 내가 애아범 아기였을 때 해먹이던 죽을 적어 볼까 한다.

채소고기죽

준비

고기, 당근, 양파, 시금치, 감자, 양배추, 호박, 멸칫가루

만들기

위의 재료 중 다섯 가지 정도만 있으면 된다.

먼저 고기에 물을 넉넉히 붓고 끓이다가 거품을 걷어 내고 거기에 위의 채소들을 사방 1센티미터 정도 되게 썰어서 함께 끓인다. 이때 멸칫가루가 있으면 한 수저 넣고, 없으면 그냥 멸치를 똥만 빼고 부스러뜨려 넣고 함께 끓인다.

채소가 거의 물렀을 때 불린 쌀 2큰술을 넣고 쌀알이 무를 때까지 끓인다. 쌀을 넣을 때 물이 적은 듯하면 적당량의 물을 더 넣고.

쌀알이 더 풀어지면 채소와 함께 으깨서 먹이면 되는데 난 집간장을 한 방울씩 섞어 먹였다.

참고

이빨이 하나도 안 났을 때는 이것을 쇠조리에 밭여 먹이면 되고, 7~8개월쯤이면 채소를 으깨어 먹였었다. 4~5개월 때엔 쌀과 고기를 넣지 않고 채소 끓여 밭인 국물을 먹였지.

이런 채소죽을 먹이면 아기가 변비도 안 생기지. 쌀 2큰술의 죽을 쑤면 두세 번은 먹일 수 있더라. 요사이는 셀러리·피망도 있으니까 그런 채소를 넣으면 더 좋을게다.

생선죽

준비

흰살 생선, 쌀

만들기

흰살 생선을 포를 떠서(손바닥 크기만큼) 끓이다가 불려 놓은 쌀 1큰술을 넣고 쌀이 푹 무를 때까지 끓인다.

참고

뼈나 가시가 있으면 먼저 생선을 푹 끓여서 체에 밭여 가시와 뼈를 발라 내고 생선 살만 손으로 잘 골라서 쌀과 함께 끓이지.

빵죽

준비

빵, 우유

만들기

빵 한 쪽을 타지 않게 잘 구워 손으로 뚝뚝 떼어 우유 1컵과 섞어 끓인다. 시간이 없을 때 빨라서 좋더라.

밤죽

준비

군밤, 쌀

만들기

군밤이 있으면 좋고 없으면 밤을 대궁이 쪽에 칼집을 내어 굽는다. 다 구워진 밤을 으깨서 불린 쌀과 함께 물을 넣어 죽을 쑤면 돼.

밤죽을 먹이면 아기가 통통해지지. 요사이는 아기도 뚱뚱해지면 안 된다고 하던데, 우리가 아기 키울 때만 해도 아기가 통통해야 잘 기른 것 같았다. 너무 비쭉 마른 아기한테는 밤죽이 좋은 것 같더라.

참고

밤죽을 쑬 때는 반드시 밤을 구워서 쒀야 한다. 날밤으로 죽을 쒀 먹이면 잘 체해 소화 불량이 되면 큰일이라고 우리 어머님이 늘 말씀하셨지.

혹시 아기들이 기침을 할 때는 꽃호박 또는 배를 사다가 가운데 씨 있는 데를 도려내고 거기에 꿀을 넣고 꼭지로 뚜껑을 한 후 다른 그릇에 담고 중탕해서(3~4시간) 체에 밭이든가 베보자기로 꼭 짜서 그 물을 먹이면 웬만한 기침은 낫더라.

구선왕도고

준비

연육 · 산약 · 백복령 · 의이인 각 150그램, 맥아 · 백변두 · 검인 각 75그램, 시상(곶감가루) 37.5그램, 멥쌀 5되, 설탕물 4컵, 꿀 3컵

만들기

산약 · 맥아 · 백변두는 볶아서 가루를 준비한다.

멥쌀을 깨끗이 씻어 물에 담갔다가 가루를 내어 떡가루를 준비한 후 설탕물을 넣어 물을 내린다.

약재 가루에 설탕물과 꿀을 섞은 후 쌀가루에 함께 섞어 곱게 물내린 후 흰무리같이 찐다. 이것을 말려 놓고 응이를 쑤어 먹인다.

참고

강인희 선생님께 배운 건데 우유를 잘 소화시키지 못하는 아기들한테는 아주 좋은 응이가 된다고 하시더라.

18 특별한 행사 때의 음식

인간의 일생을 생로병사, 관혼상제로 압축해서 말할 수도 있는데, 너희들이 한 주부로서 이런 과정들을 맞이하면 처녀 시절의 관점과는 매우 다른 생각을 갖게 되리라고 짐작된다.

철학적이거나 종교적인 인생관은 너희 각자 연륜이 쌓이면서 성숙해지겠지만 우선 주부 앞에는 이런 과정에서 맡겨지는 구체적이고 실제적인 문제, 즉 여러 가지 경우에 음식 준비할 걱정이 있지.

이런 때 돈 주고 맡겨 버리는 예가 점점 많아지지만, 가풍이란 게 이런 행사나 과정에서 나타나는 것이라고 생각해서 내가 하는 방식을 써 보고자 한다. 너희들과 함께 살면서 힘을 합해 이런 행사들을 치르는 동안 저절로 익히게 되면 좋겠지만, 떨어져 살기 때문에 이렇게 적어 놓는 것도 어떤 의미에선 뜻이 있겠구나 싶다.

우리집 제사

지난 9월 5일은 너희들 할머님의 제사였었지. 마침 일요일이고 날씨도 좋아 친척들 모이기가 좋았어. 돌아가신 날이 9월 5일이니까 사실 제사를 모시려면 4일 밤이라야 하나 천주교식은 돌아가신 날 추도회를 한다고 5일에 모이지. 9월 4일 저녁에 연미사 드리고 그 밤에 시흥 고모님댁에서 다 오셔서 그날 밤에 잘 지냈다.

집에 오니까 밤 10시인데 그 때부터 냉면 반죽하고 고기 구워 먹고 얘기하고 그랬지. 너희 아버님께서는 옛날 생각난다고 퍽 좋아하셨어. 20여 명이 넘으니 아침 해 먹는 데도 바빴다. 식구마다 식성이 달라서 그냥 안주인 마음대로 하면 싫은 음식을 한 끼는 먹어야 하니까 다 적어 내라고 해서 종류별로 했더니 다들 좋아했지. 밥·국·찐빵·찐만두·국수 등등.

나 어렸을 때 우리 집이 그랬었지. 누구나 밥상에 와서 앉기만 하면 밥 먹으면 됐고, 우리 어머니 지론은 손님이 많이 오실 때가 좋을 때라는 거였지. 우리 시댁도 똑같고 나도 같은 생각이고.

아무튼 아침 식사 끝나고 제사 음식 만들기 시작했는데 준비는 물론 미리 다 해놓긴 했지만 손이 많으니 빨리 끝났지. 시장은 하루 전에 보아다가 준비했고 생선은 사흘 전에 사다가 얼간해서 냉장고에서 말렸더니 적당하더라. 콩도 미리 담갔다가 두부도 집에서 만드니까 크기도 알맞게 맞출 수 있고 또 맛도 좋고.

제사 음식은 빈대떡·돈전·생선전·두부전·고기산적·닭고기적·생선적·돼지고기편육·북어찜·삼색나물(고사리·도라지·시금치)·무다시마국·식혜·나박김치 등을 했다. 전통 제사 예법에 맞는 건지 모르겠는데 그냥 돌아가신 분이 좋아하셨던 거라니까. 식구들 좋아하는 갈비찜과 겨자채도 하고.

제사 음식에는 파·마늘·생강·고춧가루를 안 쓴다고 하지만 난 그냥 맛있게 양념을 다 넣지.
산적하고 저냐는 큰 게 좋다고 해서 큼직하게 만들고, 생선적 할 때는 포를 크고 넓게 뜨지. 고이기 좋게. 고기산적은 안심을 크게 (대학노트만하게) 두툼하게 하는데 한국 스테이크라고 모두들 좋아하지. 연하기도 하고. 불고기 양념장에 두세 시간 재어 두었다가 굽는데, 속은 조금 덜 구워진 상태니까 바싹 익혀야 되는 거 아닌가 했는데 우리 아줌마 제사 음식 시작하려면 목욕부터 하는 분인데, 나한테 고기 바싹 구우라고 얘기 안 하는 거 이상하다 했더니 제사 산적은 원래 덜 익히는 거라나. 친정에서 제사 잘 지내본 너희들은 이미 아는 얘기지?
닭고기적은 닭을 배만 갈라 방망이로 자근자근 두드려 편편하게 한 후 양념장에 조리지. 생선전은 꾸득꾸득하게 말린 생선에 칼집 내지 않고 양념장 넣어 조리고. 과일은 제철 과일을 쓰는데, 대추는 우리 마당에서 딴 대추를 제일 좋고 큰 것으로 골라 냉동실에 두었다가 쓰지.
유교식으로 하면 제사를 밤 12시에 지내는 거라고들 하는데, 우리는 연도(煉禱)보고 일찍 지내고 저녁 먹고 헤어지지. 다음날 직장에도 가야 하고 애들은 학교에도 가야 하니까.
제사의 참뜻은 식구들이 모여서 돌아가신 분을 생각하고, 형제끼리 화목하며, 죽은 후에 내세가 있다는 것을 다시금 확인하며 영혼 불멸을 믿는 거니까. 너희들은 그때 함께 못 있었지만 할머니 생각은 했으리라 했지.

아기 백일에 차리는 음식

옛날에는 아기를 낳은 후 삼칠일 지내기가 어려웠고 더욱 백일을 지내면 이제는 잘 크겠구나 하고 안심을 했다고 하더라. 그래서 백일 잔치를 크게 했던 모양인데, 지금은 아기가 백일쯤 되면 제일 예쁘기 때문에 잔치를 하는 것 같아. 백일이 되어야 아기가 목을 가눌 수 있어서 사진도 그때 가서야 찍었는데 지금은 아기들도 약아서 낳자마자 머리를 가누는 것 같더라.

백일에는 백설기를 쪄서 백 사람이 먹어야 좋다고 하기도 하고 실상은 백 집에서 쌀을 얻어다가 그 쌀로 떡을 해서 백 사람이 먹는 거라고 하던데 요새 세상에 어떻게 그렇게 하겠니. 아기 낳느라고 한동안 못 만나 봤던 친척과 친구들이 모여 아기엄마 그동안 애쓴 것 위로해 주고, 아기도 보고, 그런 것이 백일 잔치가 아닐까 생각하지.

아무튼 백일 잔치에는 흰밥 · 미역국 · 백설기 · 구이 · 나물 · 식혜 · 김치 등을 하는데, 우리는 연준이 백일에 밥 · 국 · 떡 · 식혜 · 김치 이외에 나물로 겨자채 · 잡채 · 도토리묵 · 돼지고기밀쌈을 했었고, 구이로는 고기구이, 찜으로는 돼지갈비강정 · 닭편육 등을 했었지.

아기 첫돌

아기 돌상에 놓는 국수와 실은 아기의 장수를 기원하고, 쌀과 돈은 부유하게 되라고, 대추는 자손 번창, 붓과 먹은 문필가, 책은 학문 통달을 위해(우리는 연필도 놓았지?), 자는 침선을 잘하라고 여자 아기 돌상에 놓고 남자는 대신 용맹 있게 되라고 활을 놓는 거라고 하더라.
떡은 백설기도 하고 무지개떡도 하고 송편도 빚어서 놓지. 꼭 놓아야 하는 떡은 수수경단인데 아기를 돌보는 삼신 할머니가 수수경단을 좋아하신다고 수수경단은 반드시 만든다. 아홉 살까지 해 주면 넘어져도 다치지 않는다고 하니 미신이거나 아니거나 어렵지 않은 것을 안 해 줄 이유가 없지. 또 좋다고 하니까.
미국엔 과일이 언제고 많아 식품점에 있는 과일 종류를 다 사다가 상에 놓은 것도 상을 화려하게 했던 이유 중 하나인 것 같더라.
혜준이 돌에는 그 이외에도 아기들 좋아하는 과자들도 예쁘게 고여 사진을 찍으니 두고두고 보기 좋더라. 회갑상같이 몇 자씩 요란하게 고이는 것은 물론 반대고, 그저 준비만 해 주면 젊은 너희들이 너무나 잘하더구나. 풍선에 생일 축하를 쓴 장식 종이하며 내가 너희들 나이 때는 생각지도 못했던 장식을 너무나 훌륭하게 해서 흐뭇했었다. 잔치 끝나고 벽에 붙였던 예쁜 종이 떼려니 아깝더라.
떡집에서 가져온 떡 가운데 수수경단은 수수로 만들지 않고 찹쌀로 경단 만들어 팥을 잔뜩 묻혀 가짜로 해와 이야기를 했더니 수수경단은 금방 딱딱해져서 안 좋다나? 누가 꼭 먹으려고 하는 것이냐고 내가 야단하던 거 생각나니? 둘째도 있고, 너희 시동생네 아기 돌에도 네가 도와야 될 것 같아 여기 수수경단 쉽게 만드는 방법을 소개할게. 쉽게 굳지도 않고 맛도 있고 좋더라.

수수경단

준비

차수숫가루, 끓는 물, 팥고물

만들기

차수숫가루 4컵에 찹쌀가루 1컵, 꽃소금 1큰술을 넣고 잘 섞은 후 끓는 설탕물(설탕 1큰술에 물 6큰술을 넣은 물)로 반죽한다. 너무 질면 안되니까 물은 봐 가면서 붓도록.

방앗간에서 빻아 온거면 소금도 넣을 필요가 없고 식품점에서 파는 가루면 소금을 넣어야 하기 때문에 소금 분량을 적은 건데 아무튼 날가루를 맛본 후에 소금을 넣어야 한다.

만두 반죽 정도 됐으면 그것을 손바닥만하게 크게 빚어 가운데 구멍을 내고 납작하게 한 후 끓는 소금물에 삶는다.

떡이 끓는 물 위로 뜨면 다 익은 거니까 조리나 구멍 뚫린 국자로 떠서 양재기나 (절구가 있으면 더욱 좋고) 절구에 넣고 방망이로 쳐 떡이 다 뭉쳐지면 손에 물을 발라 한 입 먹기 좋은 크기로 떼어 팥고물을 묻히는데, 너무 뜨거우면 떡이 늘어지니까 약간 식은 후에 만드니 좋더라. 이렇게 만든 떡은 쉽게 굳지를 않아 좋지. 어떤 책에서 우연히 봤는데 그럴 듯해서 해 봤더니 진짜 잘 되더라.

팥고물은 앞에 있는 팥소를 해도 되고, 팥 2/3컵에 물 2컵을 부어 4시간 끓여 팥이 다 무른 후 꺼내 주걱으로 으깨어 소금을 1작은술 넣어 팥고물을 만든다.

팥이 다 다르기 때문에 물의 양을 정하기가 어려운데 끓을 때 보아 팥이 다 무른 것 같으면 소쿠리에 담아 물을 뺀 팥을 다시 냄비에 넣고 소금을 넣어 주걱으로 으깨면 된다.

아기 첫돌은 엄마인 네가 마음대로 하는 건데 나하고 함께 의논도 하고 서로 자기가 잘할 수 있는 것을 만드니 참 좋았었지? 손님도 많이 오셨구. 요사이는 호텔에서 아기돌을 한다고들 하던데 아기돌이 뭔지 아는지나 모르겠어.

돌날 손님 접대에는 전채요리로 겨자채, 더운채로는 잡채, 찬채로는 도토리묵, 찜에는 돼지갈비강정, 구이는 쇠고기산적, 저냐로는 빈대떡·새우전, 편육으로는 닭편육을 하고 미역국·떡·식혜·약식·과일 등 푸짐했었지.

무엇을 차렸었는지 잘 적어두었다가 작은애 때도 똑같이 해 주는 것이 좋을 듯하다. 혜준인 연필을 집고 그 다음 돈을 집었던가?

생일

아이들 생일

빈대떡, 완자전, 떡산적, 닭날개봉 튀김, 고기꼬치구이, 김밥, 미역국, 생일케이크, 아홉 살까지는 수수경단

어른 생신

전채는 겨자채·구절판, 저냐는 빈대떡, 편육은 족편, 찬채는 도토리묵·도라지생채, 더운채로는 오이뱃두리·잡채·돼지고기밀쌈, 찜은 갈비찜·해삼탕, 구이로는 쇠고기구이, 국은 뭇국·신선로, 후식으로는 약식·식혜·떡·과일 등을 준비했다.

이렇게 다 할 필요는 없고 골라서 만들면 돼. 나는 사돈들이 오시면 조금 어려운 요리를 하고, 젊은 사람들이 오면 그 사람들이 좋아할 음식을 하지.

어른이 60세가 넘으면 국은 미역국 대신 뭇국을 끓이는 거란다.

해삼탕

준비

해삼, 돼지고기 다진 것, 죽순, 불린 표고버섯, 배추, 생강, 마늘, 중국 된장, 굴소스, 설탕, 녹말가루, 국국물 또는 닭국물

만들기

불린 해삼을 먹기 좋은 크기로 잘라 2컵을 만들어 놓는다.

물 5컵에 파 2대, 생강 저민 것 2~3쪽, 술 1큰술을 넣어 끓으면 자른 해삼을 넣고 끓여 조리에 밭여 놓는다(해삼을 불려 놓으면 크기가 다 달라서 몇 개라고 할 수가 없어. 말린 크기가 똑같은 해삼도 불리면 다섯 배까지 차이가 나니까).

다진 돼지고기 1컵에 소금 1작은술, 계란물 2큰술, 생강즙 1작은술을 넣어 잘 치댄 후 녹말가루 1큰술을 넣어 다시 한 번 주물러 동그랗게 빚어 기름에 튀겨 낸다. 8~10개가 적당한 크기

가 될 거다. 동그랗게 빚지 않고 한 손으로 반죽을 쥐어 엄지와 검지 사이로 반죽을 내보내면 동그랗게 나오는데 그것을 수저로 똑똑 떼어 끓는 기름에 넣어 튀기면 손쉽지.

중국 냄비를 불에 얹고 뜨거워지면 기름을 두르고 죽순·표고버섯·배추를 볶아 낸다.

채소를 꺼내고 거기에 식용유 2큰술을 넣고 마늘 다진 것 2작은술을 먼저 볶다가 중국 된장 1큰술을 넣어 잘 섞은 후 술 1큰술을 넣어 끓으면 굴소스 1큰술, 설탕 1작은술을 넣어 잘 젓는다.

거기에 국국물 1컵을 넣어 끓이다 준비해 둔 해삼, 돼지고기 튀긴 것, 채소 등을 넣고 한 번 부르르 끓으면 녹말물(녹말가루·물 각 1큰술)을 붓고 한 번 더 끓인 후 불을 끄고 참기름을 1작은술 넣고 섞어 낸다.

참고

불린 해삼은 파·생강·술을 넣고 끓여서 써야 잡내가 안 난다. 채소를 넣지 않아도 되는데 해삼이 너무 비싸니까 넣으면 많아져서 좋지.

해삼이 징그럽다고 안 먹는 사람들이 있어서 이렇게 고기를 함께 넣으니 잘들 잡수시더라.

중국 된장이 없으면 대신 간장을 2큰술 쓰면 돼. 돼지고기 간 것이 싫으면 해파리를 비슷하게 저며 위와 같이 양념해서 기름에 튀겨 써도 괜찮고,

피망·홍합·갑오징어 등을 넣어 만들면 팔보채같이 되어 맛이 있지.

마른 해삼 불리는 법

해삼을 살 때는 검고 뿔이 난 것이 좋은 거다. 뿔이 없는 것은 멍텅구리라고 별 맛이 없지.

냄비에 기름기가 전혀 없게 깨끗이 씻고 뜨듯한 물을 부어 해삼을 담근 후 한 번 끓여서 불을 끄고 그 물이 다 식을 때까지 둔 다음 해삼에 칼이 들어갈 정도가 됐으면 배쪽을 갈라 창자와 흙을 빼내어 씻어 놓고, 만약 딱딱하면 다시 한 번 더 끓여 위와 같이 한다.

깨끗해진 해삼에 물을 다시 부어 해삼이 말랑해질 때까지 반복하는데, 중간에 이미 부드러워진 것이 있으면 꺼내 찬물에 담가 두고 덜 부드러워진 것만 다시 끓인다. 4~5일 정도 걸리지.

명절과 가족 모임

설날

떡국 또는 만둣국, 저냐 종류, 찜 종류, 구이, 나물, 식혜나 수정과, 떡, 과일 등이면 될거다.

떡국을 끓일 때는 국국물을 많이 넣는다. 떡국 떡은 찬물에 담갔다가 국물이 펄펄 끓을 때 넣고, 떡이 떠오르면 계란에 참기름을 한 방울 넣어 잘 저어서 얹으면 된다. 대파도 어슷하게 썰어 넣고.

떡만두를 싫어하는 분도 있기 때문에 나는 만두는 따로 만들어 미리 쪄 놓은 후에 원하시는 분한테만 넣어 드리지.

추석

햅쌀밥, 토란국, 찜 종류, 산적, 저냐 종류, 삼색 나물, 나박김치, 배추김치, 송편, 과일 등인데, 우리는 토란을 좋아하지 않기 때문에 토란국 대신 뭇국에 다시마를 넣어 해먹지. 토란을 먹으면 뱃속까지 가려운 것 같아서.

송편 만들기

쌀가루에 끓는 설탕물을 부어 익반죽을 해서 오래오래 잘 치댄 후 젖은 보에 싸 둔다. 송편 속은 깨 · 밤 · 청대콩 등을 넣는데 나는 깨하고 밤, 가끔 대추도 넣고 한다. 잘 볶은 깨에 소금을 약간 넣고 설탕과 꿀을 넣어 잘 섞어서 깻속을 만들고 밤은 캔으로 된 것을 사다가 물을 따라내고 계핏가루를 조금 넣어 으깨서 쓰고 대추는 씨를 발라 내고 작게 썰어서 쓰지.

남자들도 동그라미는 잘 만들어 주고 애들도 재미있어 하니까 식구가 다 모여 화합하는 즐거움이 크지. 앞의 '후식과 간단히 만들 수 있는 떡'에 분량이 있다.

미국 추석에는 칠면조를 굽고 나물하고 저냐 몇 가지 하고 국 끓이니까 되더라. 호박파이를 꼭 하던데 호박을 좋아하지 않는 사람도 호박파이는 잘 들더라.

성탄절

미국에서는 추수감사절(Thanksgiving Day)이나 크리스마스나 다 비슷하게 차리더라. 여기는 약간 다른 게 한국 추석에는 차례를 지내니까.

여기서는 우리가 두 식구뿐이어서 늘 쓸쓸한 성탄절을 지내는데 작년에는 희창이가 와서 모처럼 잘 지냈지. 희창이가 좋아하고 수진이가 감격해 하는 전통 한국 음식을 다 차려 주고 구절판 · 오이선 · 잡채 · 각종 저냐 · 족편 · 고기구이 · 신선로 · 김치 · 식혜 · 약과 등을 만들었어.

약과는 미리 만들어 뒀었고. 구절판을 하게 되면 오이선 · 잡채 · 신선로는 자동으로 만들어지는 거고, 저냐를 부치니까 신선로도 쉽게 됐지. 족편 만드는 데엔 시간과 노력이 들었고.

미국에서 음식 만들 때 아이들이 귀찮게 굴면 일거리를 하나 주니 잘 놀더라. 아이들은 자기 장난감보다 음식 재료를 주면 다 만들 때까지 조용하지. 애아범 초등학교 때 컵스카웃(보이스카웃인데 중학교 이하)에서 아이들 크리스마스 장식품 만들 때 배운 거다. 잘 되니까 한 번 아이들하고 만들어 보렴.

밀가루 4컵에 가는 소금 1컵과 물 1과 1/2을 넣어 반죽하여 원하는 모양을 만든 후(별이나 크리스마스 트리, 산타 할아버지, 지팡이 등) 오븐에서 250도로 2시간 구우면 된다.

모양을 만들 때 실을 꿸 구멍 뚫는 것을 잊으면 안 되고. 다 된 후 식은 다음 색칠을 하면 되지. 아이들이 자기가 만든 것이라고 좋아하기도 하고 무척 아끼지.

어린이날

우리 집의 가족 모임은 생일이나 제사 이외에 어린이날이 큰 모임이다. 기흥에 이사 온 후로 매년 어린이날 모이니까 벌써 다섯 번을 지냈지. 비가 왔던 해에는 일요일에 다시 모였구. 아이 어른 모두 하루를 너무나 즐겁게 지내. 우리 혜준이도 기회가 되어 참석하면 좋아할 거야.

친척들이 아이들 다 데리고 오니 30명 이상이 쉽게 되지. 그래서 나는 10여일 전부터 무척 바쁘단다. 상품도 사야 하고 포장도 해야 하고, 풍선과 만국기 등 마당에 장식할 것 준비에 놀이 기구까지 장만하고 음식은 물론이고.

복잡한 서울에 살다가 하루 실컷 놀고, 먹고, 왜 즐겁지 않겠니? 너희 아버님의 생각은 아이들보다도 애들 부모가 하루나마 아주 정다워지고 '가족'이라는 의미를 더욱 알게 해 줘야 한다는 취지지.

놀이가 아무리 좋아도 먹을 것이 신통치 않으면 효과가 반감된다는 것은 내 생각이고. 음식은 뷔페식으로 빈대떡 · 완자전 · 잡채 · 도토리묵 · 갈비찜 · 닭편육 · 군만두 · 김밥. 고기꼬치구이는 마당에 숯불을 피워 놓으면 각자가 구워 먹지. 저녁에는 물론 냉면을 해서 먹고. 30명 이상 두 끼 분량이니까 거의 100명분이 되는 거지. 다 끝나고 돌아가면 참 흐뭇하지.

친구들 모임

예고 없이 손님들이 오셔도 끼니때가 되면 식사 대접을 하는 것이 좋겠지. 점심 같은 때엔 비빔국수에 국물이라도 대접하는 게 좋을 거구. 저녁이면 집에서 저녁상 차리는 것에 한두 가지만 더 해 놓으면 되지 않겠니? 요리라고 거창하게 이름 붙은 것이 아니라도 말이다.

친해질 수 있는 길 가운데 가장 빠르고, 안 잊혀지는 것이 집에서 함께 식사하는 거라고 생각하지. 요사이는 서로 바쁘고 일손 구하기가 힘드니 자연 모이기가 쉽지 않은데 각자 한 접시씩 음식을 해 가지고 가서 함께 나누어 먹으면 쉽게 모일 수도 있고 서로 부담 없고 좋겠지.

미국에서는 오래 전부터 포트 럭(pot luck)이라고 하는 것이 있는데, 우리 나라에서도 요즘 젊은 사람들은 그렇게 하더라. 너희들도 이미 그런 모임에 몇 번 가 봤겠지만, 혹시 너희 집이 만나는 장소가 될 때를 생각해서 적어 본다.

장소를 제공하는 집에서는 상차림과 밥과 국, 김치, 마실 것, 얼음 등을 준비하고 오는 사람들이 한 가지씩 해 오지만 주최하는 집에서 오시는 분 각자에게 식단을 선택해 줘야겠지. 다 똑같은 것을 해 오면 안 될 테니까. 식단을 짜서 알려주고 해 올 수 있는 것을 물어서 정하고 등등.

피크닉 갈 때의 음식은 밥은 해 가지고 가고, 김치와 불고기를 양념해서 재어 가고, 상추쌈은 잘 씻어서 비닐 봉투에 넣어 가고 쌈장과 고추장 등을 가져가면 좋더라. 샌드위치를 가져가고 싶으면 빵은 따로 가져가고, 속은 플라스틱 통에 준비해 가서 만들어 먹으면 된다. 찌개를 해먹으려면 고기에 채소를 다 넣어 된장이나 고추장에 볶고 피크닉 가서는 물만 부어 끓이면 쉽지.

음식 부조

우리 나라엔 예로부터 부조라는 것이 있었지. 내가 결혼할 때만 해도 결혼에 필요한 물건들을 정성스럽게 싸 가지고 오셔서들 축하해 주셨는데 지금은 그저 다 돈으로 하고 말지만 난 지금도 누구네 혼인에, 생일에, 장례에 음식 부조를 잘하는 편인데 음식을 해다 드리면 다들 좋아하시더라.

너희들 혼인 때 고성숙 아줌마한테서 녹말국수를 부조로 받으니 너무나 좋았고 두고두고 그 국수 이야기를 하게 되더라. 국수에 국물에 고명까지 다 해 가지고 오셔서 국수를 손수 다 말아서 주시니 얼마나 정성스럽고 맛있고 제일 큰 일을 해 주신 거지.

특히 상가에는 꽃도 좋겠지만 밤샘하는 분들이나 상을 당한 분들을 위해 음식이나 죽을 쑤어 보내 드리고 장지에 가는 음식을 해다 드리면 더더욱 좋아하시더구나. 친구 여럿이 한 가지씩만 하면 그런 것이 좋은 부조가 되는 거지.

혹시 음식 부조를 할 때가 생기면 참고가 될까 해서 음식 종류를 적어 본다.

잔칫집에 보낼 때는 빈대떡에 쑥갓과 빨간 고추로 꽃 모양을 해서 부친다. 국수 같은 것도 좋고, 묵을 쓰실 만큼 쑤어다 드려도 좋더라. 구절판도 좋고.

장지에 보내는 음식으로는 북어조림 · 제육조림 또는 돼지갈비강정 · 도라지생채 · 빈대떡 · 생선전 · 완자전 · 김치 · 깍두기 등이고, 특히 김치는 비닐 종이에 싸서 돌돌 만 후 잘라 담아 보내 드리니 한 사람씩 잡수시는 데 꺼내기가 좋았다고 하더라.

이사할 때는 보통 팥죽을 쑤어 보내지. 새알심도 넣고.

남편도 요리사

너희들은 부모님을 떠나 멀리 있으니 가끔 친정에 다니러 와야겠지. 너희 남편이 혼자서도 잘 해먹을 수 있기 때문에 괜찮기도 하겠지만 혹시 너희 마음이 불편할까 봐 음식을 만들어 두고 오면 한 달쯤 해결되는 것을 적을까 한다.

나는 필리핀 있을 때도 그랬고 서울에 와서도 아들들 공부하고 있는 데에 가서 한 달씩 아들 얼굴을 보고 오느라고 너희 시아버님의 도시락을 싸놓고 가곤 했었지. 물론 필리핀에서도 밥하는 아이가 있긴 했지만 내가 다 해 놓고 덥히기만 하게 해야 내 마음이 편하니까.

이제는 늙어 가며 친구들과 놀러 가느라고 가끔 며칠분씩 싸놓곤 한다. 둘이 살다 내가 아프게 되면 그 때는 너희 시아버님이 밥도 하셔야 하니까 최소한도 덥히는 것은 아셔야 하지 않겠니?

만두는 다 쪄서 열 개 정도씩 비닐 종이에 싸고 그것을 다시 비닐 봉투에 넣어둔다. 국은 다 끓여서 플라스틱 통에 넣어 얼린 후 그것을 비닐 봉투에 넣고, 국고기는 양념하여 비닐 종이에 싸서 얼린 국과 함께 싸 둔다. 햄버거는 한 개씩 붙지 않게 싸서 비닐 봉투에 넣어두고. 절인 생선은 굽기만 하면 되게 머리와 지느러미 등을 다 손질해서 한 마리씩 넣고, 불고기는 양념하여 한 끼 양만큼씩 통에 담아 두고, 로스구이거리는 고기가 붙지 않게 비닐 종이를 켜에 놓아 한 끼거리로 싸 둔다. 잡채는 채소들은 다 따로 볶아 섞어 한 접시거리씩 플라스틱 통에 넣고, 잡채거리로 썬 고기는 한 끼거리씩 비닐 종이에 싸서 잡채 채소와 함께 넣어두고, 양념장은 따로 둔다.

닭찜거리는 닭은 밑간을 해서 튀겨 양념장과 함께 통에 담아 냉동칸에 넣고, 러시안 수프는 한 끼 분량으로 플라스틱 통에 담아 얼린 후 다시 꺼내 비닐 봉투에 담아 얼린다. 스파게티 소스를 만들어 한 끼 분량씩 통에 담아 냉동시키면 국수만 삶으면 되고.

이렇게 몇 가지를 만들어 다 냉동시키고 매일의 메뉴를 날짜 순서로 만들어 냉장고에 붙여 두면 외국 친구 데려다가 같이 먹을 때도 그대로 잘 대접을 하나 봐. 가끔 전화할 때 물으면 잘 잡숫고 계시다고 하니까. 실제로 한 달쯤 있다가 가면 두세 개의 도시락만 남아 있곤 했으니까.

이상 비슷하게 쓴 것 같다. 열심히 재고 맛보고 해서 쓰긴 했는데 너희 입맛에 안 맞으면 적어 놓은 것을 고치도록. 또 더 쉽게 만드는 법이 있을 테니까 그런 것도 다 메모해 놓고.

양식(洋式)은 너희가 더 잘할 것 같아서 안 썼는데 너희 남편이 먹고 싶다고 하는 것이 있으면 알려 줘. 적어 보내마.

후기

저는 학교 졸업 후 직장에 다니다가, 결혼 후에도 내 집 장만을 하느라고 아이 둘을 낳고 계속 직장엘 다녔지요. 그러다가 애들 아버지가 해외 근무를 하게 되어 이 나라 저 나라를 다니게 되었습니다.

미국에, 인도네시아에 있을 때는 애들을 데리고 있어서 괜찮았었는데 필리핀으로 전근이 되고 나서는 직장이 마닐라도 아닌 외딴 섬이어서 아이들 학교 때문에 애들을 모두 미국에 있는 언니네 집에 보냈었지요. 언니가 음식 솜씨가 워낙 좋아 아이들은 항상 잘 먹고 있었지만 전 어미로서 방학에나 겨우 애들한테 밥을 해 주는 것이 죄스러워 애들이 방학이 되어 올 때쯤이면 그동안 연습해 두었던 음식을 해먹이곤 했습니다. 아이들 오기 몇 개월 전부터 요리책을 몇 권 사다 놓고 그럴 듯해 보이는 음식은 연습해 보고, 먹어보고, 내 나름대로 방법을 고쳐 애들이 오면 해먹여 잘 먹고 좋아하는 음식은 다 적어 두었다가 다음번 방학에 오면 다시 해서 먹이곤 했지요. 방학 석 달을 잘 먹였어도 개학이 되어 학교로 가고 나면 애들 좋아했던 음식은 보기만 해도 목이 메어 못 먹곤 했습니다.

저희 애들은 여섯, 여덟 살에 미국에 가서, 처음에는 애들이 영어를 잘 못해 어려웠으나 날이 갈수록 영어를 집에서도 하려고 해서 때로는 밥도 굶기고 매도 들어가며 한국말을 고집했고, 특히 한국의 맛을 덜 잊게 하느라 하루에 한 끼는 한국 음식을 먹였고, 한국 명절에는 명절 음식을 해먹이며 나름대로 애를 썼습니다. 인도네시아나 필리핀에는 쌀가루가 있긴 하나 좋지 않아서 쌀을 불려 물을 넣고 분쇄기에 갈아 체에 밭여 그 물을 광목자루에 짜서 그것을 말려 떡가루를 만들어 해먹이기까지 했지요. 청포묵 가루도 집에서 만들고요.

아무튼 한국을 잊지 않게 하고 한국을 고집하는 데는 우리말과 우리의 맛이 중요하다고 저는 생각을 했기 때문이지요. 그런 고집 때문인지 다행히 한국 며느리를 다 보게 되어 얼마나 기쁜지 모릅니다. 더욱이 두 며느리 모두 저의 고등학교 때 친했던 친구의 딸들이어서 더욱 좋지요.

두 며느리가 기특하게도 매주 꼭 전화를 하는데 그 때마다 음식 얘기가 가장 큰 비중을 차지하더군요. 그래서 애들한테 먹고 싶은 음식 이름을 다 써 보내면 자세히 만드는 법을 적어 보내겠다고 보낸 편지가 모여 그것을 컴퓨터에 넣어 두었던 것이 몇 장 되어 프린트까지 하고 나니 친구 딸들 결혼할 때 좋은 선물이 되더군요. 처음 만든 프린트에 몇 가지 음식을 더 넣어 100권을 찍어 원하는 친구들한테 한 권씩 주다 보니 소문이 나서 책을 만들게 되었습니다. 요리책이라고 할 수도 없는 책을 내게 되어 송구스럽고 특히 그럴 듯한 사진을 곁들인 멋쟁이(?) 음식도 없이 며느리가 매일 해 먹는 음식 만드는 데 도움이 될까 해서 제 나름대로 만들면서 쉬운 방법과 저희 집의 음식을 가르친 것이어서 방법도, 체계도, 영양학적으로도 맞지 않을 수가 있겠습니다만 저는 제 두 며느리가 좀 쉽게 음식을 해서 식구가 식탁에서 따뜻한 정을 나눌 수 있게 되기를 기대해서 쓴 것뿐입니다.

이 책을 만들게 된 동기는 무엇보다 제 두 며느리지요. 생각이 깊고 듬직하기는 큰아들 내외가 다 똑같으나 큰며느리는 무슨 일이나 식구들과 의논해서 처리하니 고맙지요. 내색 안 하며 늘 듬직하게 뒤에서 봐 주는 큰아들, 항상 저한테 긍정적인 용기를 불어넣어 주는 작은며느리, 엉터리 컴퓨터 찍었다고 잔소리하면서도 다 제대로 고쳐 주고 목차에 페이지까지 만들어 준 작은아들한테 고맙구요. 집에 그냥 있지만 말고 뭐든 하라고 부추기는 제 남편이 고맙지요.

학교 졸업 후 30년이나 집에서 살림만 하게 되니 자연 문장이 엉망인 것은 물론이고 철자법도 틀리고 가끔 사투리도 쓰는데 그것을 잔소리 한 번 안 하고 다 손질해 준 친구 민숙현에게, 매일 뭐 해먹어야 하느냐고 가끔 걱정을 하길래 프린트 한 권을 건네 주었더니 좋은 기사를 써 주어 책이 나오는 계기를 마련해 준 한국일보의 장명수 씨, 이런 평범한 원고를 가지고도 책을 내 주겠다고 주선해 준 선배 이종선 언니와 이화여자대학교출판부 등 이 책을 내는 데 애써 주신 여러분께 깊은 감사를 드립니다.

1993년 11월 15일 기흥에서

장선용

우리 시어머니 이야기

혜준이가 물었다.

"엄마, 할아버지 어디 가셨어?"

"서울에 가셨지. 할아버지께서 뭐 타고 가셨나?"

"뱅기."

"혜준이 할머니는 어디 계시지?"

"셔울에. 할머니는 구슈(국수) 만들어."

어린 손녀딸에게도 할머니의 모습은 음식을 만들고 계시는 것이 가장 선명하게 기억되는가 보다. 이 재롱둥이 손녀딸을 보기 위해 우리 집에 오실 때마다 맨 먼저 어머니께서 하시는 일은 김치 담그기이다.

도착하셔서 짐을 풀기가 무섭게 한국 슈퍼마켓으로 가 배추와 무를 한 상자씩 사오신다.

미국의 어느 집이나 마찬가지겠지만 우리 집 부엌은 김치 담그기엔 여간 불편한 게 아니다. 더군다나 아담한 우리 어머님의 체구엔 개수대가 턱없이 높기만 하다. 그런 장소에서 웬만한 집 김장하는 정도의 배추를 씻고, 절이고……. 모든 작업을 혼자 다 하신다. 그때의 내 할 일은 파 다듬고 마늘 까는 등의 조수일이었는데, 그나마 두 아이가 딸려 있는 지금은 '애나 보는' 수준에서 그치고 만다.

'손맛'이 중요하기에 비닐 장갑도 거부한 채 '원시적'으로 버무려진 어머님 김치는, 한겨울 새 김장독에서 갓 꺼낸 것처럼 언제나 싱싱하고 맛이 있다. 뿐만 아니라 어머님 김치는 언제나 맛에 변함이 없다. '저번엔 짜고 이번엔 싱겁고' 하지 않고 항상 일정한 어머님만의 맛을 유지할 수 있는 비결은 모든 양념을 언제나 계량하여 쓰는 '과학적' 습관 덕분이라고 말씀하신다.

이렇게 해서 맛있게 담가진 김치는 김치통마다 가득 채워져 두

달간 우리의 중요한 양식이 되고, 또 가까이 사는 이웃에겐 더없이 좋은 선물이 된다. 지금 내 주위엔 어머님 김치를 은근히 기다리는 사람이 꽤 줄을 서 있다. 이렇듯 어머님께선 나누어 먹는 것을 좋아하신다. 손님을 청해 '집에서' 장만한 음식으로 대접하기를 즐기신다. 어머님을 아는 그 누구에게 물어도 '우리 어머님' 하면 '맛있는 음식' 을 떠올리게 됨은 의심의 여지가 없다.

그렇다고 어머님께서 음식 하나밖에 모르시는가 하면 또 그것도 아니다. 한글 붓글씨 솜씨는 가르치셨을 정도로 수준급이고 음악에도 조예가 깊으며 문학에도 재주 있으신 분이다. 대학 재학 시절엔 연극에도 관여하셨고, 학보사에서도 일하셨으며, 오랜 외국 체류 기간중엔 어린 꼬마들과 함께 발레를 배우는 열정을 보이시기도 했다. 또 자그마한 체구이지만 수영과 골프는 프로 수준이다. 이런 여러 가지 재주를 갖고도 '음식' 으로 기억됨은 왜일까? 그건 아마도 베풀기를 좋아하시는 어머님의 마음 때문일 것이다.

어머님의 음식엔 화학 조미료가 거의 쓰이질 않는다. 그 대신 어머님이 즐겨 쓰시는 조미료가 있다. '정성' 이 그것이다. 음식이란 적당한 양념과 요령만 있으면 된다고 생각했었는데, 신기하게도 어머님의 '요술 조미료' 가 빠지면 맛이 나질 않는다.

서당 개도 삼년이면 풍월을 읊는다고 어머님 곁에서 4년 넘게 지냈으니 나도 음식에 대해선 풍월 수준은 넘었다고 감히 자부한다. 하지만 어머님 앞에선 음식을 한다는 게 아직도 여간 불편하고 힘든 일이 아니다. 우리 동서 앞에서 영어로 말해야 하는 것보다 더 힘들다(동서는 영어 선생님이었다). 내게 일체 맡겨진 식사 준비에선 평소에 잘 해먹던 것들도 손이 떨려 제대로 맛을 못 내곤 하는데 차려 드리면 아무런 말씀 없이 잘 드시는 게 나를 더욱 땀나게 한다.

그런 며느리에게 잔소리 대신 남겨 주신 게 이 책이 아닌가 싶다. 서로 다른 공간 속에서 자주 만나지 못하는 아들 며느리에게 조심스럽게 우리 집 음식을 보여 주고 익히게 하시는 어머님의 배려라고 생각한다.

사실 어머님의 음식에 대한 각별함이 며느리인 내게 적잖이 부담되는 것은 부인할 수가 없다. 먹는 것에만 너무 신경쓰는 것 같아 의·식·주의 생활 형평이 깨진다고 느꼈고, 나는 그러지 않으리라 다짐하곤 했는데, 주위 사람들의 말에 의하면, '시어머님 닮아서' 또 음식 생각으로 가득한 나 자신을 발견하곤 벌써 세뇌(?)당했구나 하며 웃음짓는다.

어머님의 가르침은 이렇듯 슬며시 간접적이다. 『어느 가정의 예의범절』이란 책 한 권을 어느 날 며느리에게 슬쩍 건네 주시는가 하면, 잘못을 꾸중하는 대신 잘한 일을 칭찬하심으로 무엇이 잘못인가를 깨닫게 하신다. 언제나 며느리들 칭찬에 입이 마르지 않는 어머님을 뵐 때마다 얼굴 붉어짐을 느끼며, 그렇게 살아 주기를 바라시는 어머님의 마음을 읽는다.

지난 여름, 아이 둘을 데리고 서울 갔을 때 하루는 이런 일이 있었다. 점심때였는데 "냉면 해 주랴? 아니면 만두, 국수?" 하시는 물음에 간단히 먹자는 뜻에서 국수라고 대답했다. 봉투를 뜯고 국수를 삶는 것이 처음 할 일인 줄 알았는데 그게 아니었다. 어머님께서는 밀가루로 국수 반죽을 하고 계셨던 것이다.

어머님의 음식 만들기는 그렇게 시작한다. 냉면은 반죽부터, 김치는 고추 말리기부터가 시작이다. 한 단계 한 단계 정성을 쏟아부어 만들어지는 어머님의 음식은 가히 작품이라 말할 수 있을 것 같다.

열 달도 안 된 어린 동생을 앞에 앉혀 두고 소꿉놀이를 하는 큰딸애의 모습이 재미있어 말을 건넨다.

"혜준이 뭐하니?"

"빈대떡 만들어. 엄마두 줄까?"

1993년 11월 2일

큰며느리 최정문

음식 이름 찾아보기

며느리에게 주는 요리책(제3판)

펴낸날 1판 1쇄 1993년 12월 30일
3판 1쇄 2023년 7월 7일
지은이 장선용
펴낸이 주소현
펴낸곳 이화여자대학교출판문화원
주소 서울특별시 서대문구 이화여대길 52(우 03760)
등록 1954년 7월 6일 제9-61호
전화 02) 3277-2965 (편집), 02) 362-6076 (마케팅)
팩스 02) 312-4312
전자우편 press@ewha.ac.kr
홈페이지 www.ewhapress.com

ISBN 979-11-5890-493-7 13590

값 16,000원

* 잘못된 책은 구입처에서 바꾸어드립니다.